여기까지 왔습니다

여기까지 왔습니다
이나경 지음

1판 1쇄 인쇄 2012. 12. 12. | **1판 1쇄 발행** 2012. 12. 17. | **발행처** 포이에마 | **발행인** 김도완 | **등록번호** 제300-2006-190호 | **등록일자** 2006. 10. 16. | 서울특별시 종로구 가회동 17 우편번호 110-260 | 마케팅부 02)3668-3249, 편집부 02)730-8648, 팩시밀리 02)745-4827

글 저작권자 ⓒ 2012, 남서울은혜교회 | 이 책의 저작권은 남서울은혜교회에 있습니다. 교회와 출판사의 허락 없이 내용의 일부를 인용하거나 발췌하는 것을 금합니다.

값은 뒤표지에 있습니다. ISBN 978-89-97760-22-0 03230 | **독자의견 전화** 02)730-8648 | **이메일** masterpiece@poiema.co.kr | 좋은 독자가 좋은 책을 만듭니다. | 포이에마는 독자 여러분의 의견에 항상 귀를 기울이고 있습니다.

좁고 어렵고
불편한 길
꿋꿋이 걸어왔고
또 가야 할 길

여기까지 왔습니다

이나경 지음

교회가 세상에 존재해야 할 이유를 보여 주는
20년 남서울은혜교회의 발자취

포이에마
POIEMA

추천의 말

맥을 정확하게 짚는 명의의 안목과 손길

홍정길 목사님과의 만남이 벌써 20년을 넘었다. 나는 개인적으로 홍 목사님과의 만남을 내가 받은 하나님의 특별하신 축복이라 생각하고 늘 감사한다.

홍 목사님은 마치 명의(名醫)와 같은 분이시다. 맥을 잘 짚으시는 명의 말이다. 교회와 성도들이 마땅히 해야 할 일들을 홍 목사님처럼 정확히 짚으시고 감당하신 분이 세상에 또 있을까 싶다. 밀알학교, 남북나눔운동, 코스타 등등.

홍 목사님과의 만남이 내게 복이 되었던 것처럼, 많은 사람들이 이 책을 통해 내가 받은 복을 받았으면 좋겠다. 그래서 세상에 홍 목사님과 같은 사람들이 더 많아졌으면 좋겠다.

_김동호 | 높은뜻연합선교회 대표

추천의 말

한국 교회와 성도들에게
큰 자극과 유익을 주는 책

하나님께서 우리나라에 홍정길 목사와 남서울은혜교회를 허락하신 것에 대해 나는 진심으로 감사한다. 어떻게 한 사람의 지도자가 그렇게 많은 일을 그렇게 성공적으로 성취할 수 있었는지 놀랍고 감사할 뿐이다. 세계 각국에 가 있는 유학생, 선교사, 북한 동포, 연해주 고려인, 장애인, 예술인, 남서울은혜교회 성도, 그리고 나같이 그와 가까이 사역한 사람들이 모두 엄청난 도움과 이익을 받았다. 영적으로 자극과 용기를 얻었을 뿐 아니라 육적으로도 적지 않게 은혜를 입었다.

 한 사람이 진실하고 희생적일 때 그 열매가 얼마나 클 수 있는가를 홍정길 목사와 남서울은혜교회는 증명해 주었다. 이는 오직 홍 목사가 순수한 신앙과 거짓 없이 성화된 인격으로 헌신했고, 그의 모범에 감동을 받은 분들이 진실한 마음으로 그를 도왔기 때문에 가능했다. 인간적인 잔재주로는 결코 그런 결과를 얻을 수 없다.

이 책을 출판한 것은 참 잘한 일이라 생각한다. 한국 교회와 성도들에게 큰 자극과 유익을 줄 수 있기 때문이다. 앞으로도 홍 목사와 같은 지도자가 많이 배출되어야 한국 교회에 장래가 있을 것이다. 이 책이 그것을 위해서 크게 공헌할 것이라 믿는다. 또한 내용뿐만 아니라 글도 아름답고 힘이 있어, 누구든지 즐겁게 읽고 감동을 받을 수 있을 것이라 확신한다. 아주 좋은 책이다.

_손봉호 | 나눔국민운동본부 대표

추천의 말

건강한 교회상을 학습하는 교과서

홍정길 목사님은 나에게 친형과 같은 존재시다. 20대 학생운동을 하던 시절부터 시작된 만남의 인연을 지금까지 이어 오고 있다. 이 책을 읽고 옥한흠 목사님과 고 하용조 목사님 생각이 더 간절했다. 그만큼 우리의 인생과 목회 여정에는 함께한 섭리의 추억들이 진하게 남아 있기 때문이다.

  홍정길 목사님은 고백적 복음주의자로 복음을 몸으로 살고자 노력하시는 분이다. 그러면서도 역사와 국가, 음악과 미술 등 삶의 모든 영역에 관심을 놓치지 않는, 보폭이 넓은 삶의 향기가 있으신 분이다. 나는 그의 곁에 머물고 함께 길을 가며 이런 열린 고백적 복음주의 인생을 배우고 나눌 수 있었다. 홍 목사님의 담임 목사로서의 은퇴는 이런 광폭의 삶을 향한 더 넓은 길을 열 것이라 믿어 의심치 않는다.

  그러나 홍 목사님의 그 다양한 사역에서도 그의 첫 사랑과 마지막 사랑은 목회였다. 남서울교회와 남서울은혜교회를 떠나 홍정길 목사님의 인생을 이야기할 수는 없을 것이다. 나는 남서울은혜교회의 이야기는 한국 목회의 장에서 여러 가지로 연구될 가치가 있는 독특한 신선함을 갖고 있다고 믿는다. 그런 의미에서 이 책은 건강한 교회의 화두를 찾는 후학들과 한국 교회에 많은 시사점을 던지게 될 것이다.

모든 교회가 같은 모습을 가질 필요는 없다. 하나님나라의 미학은 모자이크 같은 것이라고 믿는다. 그럼에도 불구하고 건강한 교회를 향한 동일한 갈망을 지닌 모든 한국 교회 성도들에게 이 책은 큰 울림을 제공할 것이다. 그래서 한국 교회가 낳은 독특한 또 한 분의 지도자상을 통해 건강한 교회상을 학습하는 교과서가 될 것을 믿고 마음을 다해 이 책을 추천하는 바이다.

_이동원 | 지구촌교회 원로목사, 지구촌 미니스트리 네트워크 대표

감사의 글

주님이 주신 은총의 세월, 감사의 고백이 넘칩니다

_ 남서울은혜교회 원로목사 홍정길

남서울은혜교회. 생각할수록 교회의 이름처럼 우리는 주님의 은혜가 풍성한 세월들을 경험했습니다. 처음에 이 교회를 시작할 때는 단순히 새로운 형태의 개척교회를 열고 싶은 마음이었습니다. 그래서 중동고등학교 강당을 빌려 예배를 드리는 것으로 첫발을 내디뎌 여기까지 왔습니다. 늘 그랬듯이 우리는 가야 할 목표도 알지 못한 채 주님의 인도하심만 따라가겠다고 결심했습니다.

그리고 그 길을 열심히 뒤따른 지 20년의 세월이 흘렀습니다. 그 귀한 세월 속에서 가장 크고 영광스러웠던 것은, 주님께서 우리와 함께하셨고, 은총의 세월 가운데 우리를 품어 주셨다는 사실입니다. 우리는 그 수많은 사역에 가능성이 있는지 없는지 한 번도 따져 보지 않았습니다. 손익계산도 해본 적이 없습니다. 그저 "주님께서 우리에게 하라고 하신 일이며, 이것은 주님의 분명한 뜻"이라고 여겨지면, 농부가 열심히 땅에 씨를 심듯 그 일들을 시작했습니다.

은총의 세월은 그 씨앗들을 품어 냈습니다. 씨앗을 심던 시절, "이것이 무슨 열매를 맺을까?" 생각하며 가슴 설레었습니다. 열매를 맺은 지금, 이루어진 일 하나하나를 생각해 보면서 "정말 우리 주님이 하셨습니다!"라고 고백할 수밖에 없습니다. 이 일들을 우리가 하지 않았다는 것을 우리는 잘 압니다. 아니, 우리의 힘으로는 될 수 없는 일들의 연속이었습니다. 정말 우리 주님이 하셨습니다.

밀알학교를 짓는 처음부터 우리 앞에 도저히 넘을 수 없는 담처럼 현실은 절망만 안겨 주었습니다. 그렇지만 그것이 너무 어렵고 불가능했기에, 우리 주님은 그 속에서 더 크고 더 영광스럽고 더 복된 모습을 드러내시며 그 일을 인도해 주셨습니다. 지난 세월 동안 우리에게 베풀어 주신 주님의 은혜에 정말 감사드립니다.

그리고 또 감사한 것은 우리 교회 성도님들입니다. 일반적으로 일을 시작할 때는 먼저 그 일의 타당성을 계산하고 연구한 다음 일을 시작합니다. 그러나 우리 성도님들은 주님께서 기뻐하시는 일이라 결정되면 아무런 계산 없이 동역해 주셨습니다. 이 귀한 섬김으로 천국에서 하나님이 상을 주신다면 한 분 한 분 모두 상을 받으실 분들이라고 믿습니다. 그날에 하나님께서 "잘하였도다. 착하고 충성된 종아"라고 부르며 칭찬하실 분들이 바로 우리 성도님들입니다.

20년 은총의 세월 동안 남서울은혜교회 위에 부어 주신 하나님의 선하심과 인자하심을 정리해 이 책에 담았습니다. 진정으로 우리 가슴속에 소중한 일이었기에 그냥 우리끼리 누릴까도 생각했습니다. 하지만 뒤따라오는 한국 교회들에게 "교회가 이럴 수도 있습니다. 우리는 이런 인도를 받았습니다"라는 한 편의 보고서가 되고, 어떤 분들에게는 격려가 될 것 같아 이렇게 책으로 펴냅니다. 같은 생각으로 함께 감격하고 기뻐했던 지난 세월들이 이 안에 녹아 있습니다. 이 기록을 통해 앞으로 한국 교회가 나아갈 방향을 찾는 데 조금이라도 보탬이 되었으면 합니다.

이 일을 위해 일 년 삶 전체를 드린 이나경 작가님에게 감사합니다. 또 수고하신 '남서울은혜교회 20주년기념위원회' 위원들 한 분 한 분의 노고를 우리 하나님께서 기억하실 줄로 믿습니다.

2012년 12월

감사의 글

자기희생의 원리를 실천하고자 애썼던 광야의 길

_남서울은혜교회 담임목사 박완철

우리 남서울은혜교회가 '남서울중동교회'를 시작으로, 그리고 이후에 '은혜교회'와의 연합을 거쳐 오늘까지 걸어온 길이 벌써 20여 년이 되었습니다. 강산이 두 번 변하는 긴 세월 동안 되돌아보면 하나님의 은혜 아닌 것이 없었고, 하나님 도우심 아닌 것이 없었습니다.

밀알학교를 세움으로 본격적으로 출발한 '장애인을 섬기는 사역'은 이후 밀알복지재단과의 협력으로, 나아가 수서 작업장 사역으로, 또 최근에는 굿윌 사역을 통해 장애인들과 소외계층에게 일자리를 제공하는 사역으로 계속 확대되어 왔습니다. 이외에도 매주 수십 명의 탈북자들과 함께 예배하고 교제하는 일, 러시아의 고려인들과 연해주를 돕는 일, 은퇴 선교사 마을을 조성하는 일 등 여러 가지 귀한 일들을 줄기차게 감당해 왔습니다. 한편 내적으로는 평신도후반기사역(BMR)이나 12개의 생활훈련학교 같은 모임을 통해 믿음 있고 역량 있는 평신도사역자들을 세워 하나님나라 건설을 선교 현장과 구체적인 생활 속에서 실천해 보고자 애써 온 시간들이었습니다.

  이 모든 일들이 필요한 일이고 선한 일이지만, 인간이 하는 일이라 아직 많은 부분이 아쉽고 부족합니다. 하지만 이 땅의 교회들이 마땅히 해야 할 일들이라 생각하고 여기까지 믿음으로 전진해 왔습니다. 흔히 보수적인 장로교회는 하나님과 수직적인 관계는 강조하면서 수평적인 관계는 약하다는 말을 많이 듣습니다. 하지만 남서울은혜교회는 그 태생부터가 이웃과 어려운 자들을 섬기는 것으로 출발을 한 교회입니다. 짐작건대 주님께서 교회의 모습이 어때야 하는지 보이시기 위해 특별한 사명을 우리에게 주신 것 같습니다. 한 알의 밀이 땅에 떨어져 죽을 때만 많은 열매를 맺는다는 밀알 신앙의 영적 원리는 지금도 유효합니다. 세상에 수많은 갈등과 미움과 다툼은 결국 나 중심으로 생각하고 말하고 행동하는 이기주의 때문입니다. 주님은 우리에게 내가 죽고 손해 보는 밀알 신앙만이 영적 생명을 낳는다고 가르쳐 주셨고, 남서울은혜교회의 지난 20년은 이러한 자기희생의 원리를 실천하고자 애썼던 시간들이었습니다.

  이처럼 광야 길을 걸으면서 독특한 교회의 모습을 형성해 온 지난 과정을 경험한 교우들은 이 모든 일들의 배후에 하나님이 계셨음을 고백하지 않을 수 없습니다. 교회가 교회답다면 그분이 세우신 교회이기 때문이요, 교회가 하는 일이 열매를 맺는다면 그분이

하신 일이기 때문일 것입니다. 지금도 여전히 남서울은혜교회의 유일한 주인은 하나님이십니다. 또한 그분이 최종적인 결정권자요 실제적 운영권자라고 믿습니다. 그 하나님께서 자신의 이름과 영광을 위해 지난 세월 한 걸음씩 여기까지 인도해 오셨습니다. 그리고 동일하신 하나님이 앞으로의 20년도 더 아름답고 영광스럽게 이끌어 가시리라 기대합니다.

비록 쉽진 않지만 옳은 길, 진리의 길을 걸어가는 행복이 우리에게 있습니다. 하나님의 은혜가 앞장서 인도하신다는 것을 믿는 믿음이 우리에게 있습니다. 그래서 이 교회의 모든 일은 감사입니다. 이번에 여러 분들의 수고를 거쳐 지난 20년 감사의 기억들을 묶어 한 권의 책으로 펴내게 되었습니다. "살아 계신 하늘의 하나님, 당신의 높으신 이름을 위하여 이 교회를 계속 축복하시고 다스려 주옵소서."

Soli Deo Gloria!

2012년 12월

"우리는 이제 여기까지 왔습니다.

지금까지의 모든 일은 하나님이 하신 일입니다.

내가 했다면, 우리가 했다면 기진해서 못했을 일들입니다.

그러나 하나님이 하셔서 여기까지 왔습니다.

그러므로 앞으로도 기대합니다.

하나님이 우리를 통해 무슨 일을 이루어 가실지 기대해 보십시오."

_ 홍정길 목사의 설교 중에서

목차

추천의 말 · · · 4
감사의 글 _홍정길, 박완철 · · · 9
여는 글 _20년짜리 드라마, 흥미진진하다 · · · 18

1부 생명의빛교회 _기도 위에 지은 집
어머니가 한평생 드린 기도 위에 · · · 25
열두 살 소년의 기도 · · · 33
하나님이 주신 선물, 설악예수마을 · · · 45

2부 우리들이 행복해지는 인생의 학교
_생활훈련학교 이야기
생활훈련학교의 이유 있는 시작 · · · 57
인생을 배우는 12개 학교 · · · 64
생활훈련학교의 의미와 반응 · · · 91

3부 연해주 그리고 요셉의 창고
연해주를 감동시킨 문화의 향기 · · · 101
고려인들의 삶을 살리는 농업 사역 · · · 117
진심으로 사랑하기 위해 시작한 학교 사역 · · · 134
연합 사역과 돕는 손길 · · · 147

4부 우리는 친구들입니다 _장애인과 함께하는 교회

지혜로운 동거, 아름다운 연합···161
통합이 목표다···171
함께 일하고 함께 살아요-굿윌 사역···188
우리에게 온 기적···200

5부 이웃, 복음, 그리고 통일

코스타, 미래를 품는 선교 사역···217
선교는 교회의 존재 목적···230
먼저 온 미래를 사랑하는 교회···244

6부 홍정길 목사와의 대담

_목회 인생 40년, 주님이 주신 숙제 열심히 하면서 달렸다

여는 말···265
남서울은혜교회와 사역의 원칙들···266
잦은 발걸음으로 복음의 씨앗을 뿌린 중국 사역···279
동토의 땅 연해주를 보듬어 살길을 마련하다···284
한국 교회에 주어진 시대적 과제는 통일···289
하나님의 뜻 분별하기···293
나의 길, 나의 삶···301

닫는 글 _은혜의 드라마, 시즌2를 기대하며···315
남서울은혜교회 연혁···318

여는 글
1

20년짜리 드라마, 흥미진진하다

사역의 깊이에 대한 기록

　남서울은혜교회는 1년에 두 번 생일을 맞는다. 첫 번째 생일은 1월 12일이고, 두 번째 생일은 10월 15일이다. 첫 번째 생일은 남서울교회에서 분립 개척해 남서울중동교회로 첫 예배를 드린 날(1992년 1월 12일)이고, 두 번째 생일은 은혜교회와 연합해 '남서울은혜교회'라는 지금의 이름으로 첫 예배를 드린 날(1995년 10월 15일)이다. 그래서 1월 12일도, 10월 15일도 모두 기념할 만한 생일이다.
　두 번에 걸친 새 출발에 담긴 의미는 각별하다. 학교 강당을 빌려 예배를 드리면서 교회 건물을 갖지 않겠다는 신념과 에너지와 헌신은 밀알학교라는 발달장애아들을 위한 특별한 학교의 건축과 헌납으로 귀결되었다. 20년이 지난 지금도 매주 6천 명이 넘는 교회 식구들은 여전히 강당을 빌려 예배를 드리고 있으니, 시작할 때 가졌던 첫 마음을 아직도 한결같이 지키고 있는 셈이다.

은혜교회와 '연합'한 일도 한국 교회에서는 희귀한 일에 속한다. 유감스럽게도 교회가 선하지 않은 이유로 쪼개지고 분리되는 일이 많은 세상에서 남서울중동교회와 은혜교회는 묻지도 따지지도 않고 쉽게 하나가 되었다. 뿐만 아니라 한 지붕 아래 오손도손 한가족이 되어 스무 해를 살아오는 사이에 23개 교회가 분립개척의 길을 밟아 나갔다. 1년에 한 차례 남서울은혜교회와 23개 형제교회 목회자들은 함께 여행을 떠나 우의를 다지는 걸 보면 갈등과 다툼에서 비롯된 결별이 아니라 하나님나라 확장을 위한 동역임을 분명히 알 수 있다.

남서울은혜교회가 세워진 지 20년. 이제 하나님의 은혜와 인도하심을 기록하고 주님이 주신 복을 헤아려 볼 시점이 됐다. 그동안 하나님의 은혜는 동일했고, 그 동일하심을 따라 모든 사역의 골격은 튼실해지고 그 위로 단단한 근육이 붙었다. 이 책은 사역의 꾸준함과 성실함이 빚어 낸 깊이에 대한 기록이다.

남서울은혜교회의 20년을 요약하는 키워드를 전교인 투표에 부친다면 최다 득표는 아마도 '은혜'가 차지할 공산이 크다. 20년을 이끌어 온 홍정길 원로목사는 "하나님의 은혜가 있어 여기까지 왔다"고 고백한 적이 한두 번이 아니다. 모든 사역 위에, 모든 시간 위에, 모든 기도 위에 하나님의 은혜가 있었다. 은혜를 말하지 않고는 20년의 어떤 이야기도 할 수 없다.

가장 핫한 부분만 고른 편집본

'2012 한국대학생의 의식과 생활에 대한 조사연구'는 조사에 참여한 1,359명에게 기독교인과 어울리는 단어를 물었다. 복수응답에 따른 결과를 보면, 사랑 87퍼센트, 마음의 안정 64퍼센트, 사회 구제 및 봉사 54.3퍼센트, 희생 53.1퍼센트, 신뢰 51.8퍼센트 순이다. 이 연구 결과를 놓고 볼 때 일반인들은 기독교를 향해 사랑, 마음의 안정, 사회 구제 및 봉사, 희생, 신뢰에 대한 기대치가 있다. 기독교의 기대치와 이미지를 고려해 볼 때, 남서울은혜교회의 사역들은 사회 속의 교회로 그 존재를 증명하기엔 부족함이 없다. 그들은 '사랑하는 일'에 20년 동안 매달려 왔으니까 말이다.

하나님의 은혜를 알기에 사랑할 수밖에 없었고, 하나님의 은혜가 있었기에 사랑할 수 있었다. 장애인과 동고동락했고, 연해주 고려인들의 눈물을 닦아 주었고, 탈북동포들의 불안한 삶에 동반자가 되어 주었다. 인생의 학교를 열어 그 시기에 필요한 영혼의 지침들을 공유했다. 복음이 절실히 필요한 이들이 있는 곳에는 말씀과 후원을 아끼지 않았다. 복음을 전하는 이들이 복음 전파에 전력할 수 있도록 든든한 버팀목이 되는 일을 세워 갔다. 통일시대를 앞두고 지속적으로 원칙 있는 대북 지원의 길을 소리 내지 않고 걸어왔다.

유감스럽게도 요즘의 한국 교회 현실을 생각하면 하나님 앞에 낯이 안 선다. 최근 몇 년 사이 한국에서 기독교는 더 이상 떨어질 곳이 없을 만큼 침몰했다. 마치 추악한 이미지가 기독교의 전부인 것처럼 보인다. 나쁜 소문은 광속으로 퍼져 나갔고 비난은 화살보다 빠르게 돌아와 기독교를 개독교로 만들었다. 부끄러운 것은 욕먹을 짓을 하도 많이 해서 변명할 밑천이 얼마 남지 않았다는 것이다.

그 자랑스러운 밑천 중에 하나가 남서울은혜교회다. 한국 교회에 손가락질해 대는 이들을 향해, "보아라! 이런 교회도 있다!"고 자랑스럽게 내놓을 수 있어서 다행이다. 남서울은혜교회는 늘 한국과 사람과 영혼을 돌보는 사역을 소명으로 알고 일했다. 그것도 다른 한국 교회와 힘을 합치는 '연합' 사역을 일궈 왔다. '함께'가 갖는 에너지와 헌신의 의미가 사역만큼이나 소중하다는 믿음에서 나온 선택이었다.

지난 20년은 드라마와 같았다. 그 많은 사역들의 갈피마다 기쁨의 환호가 있고 슬픔의 눈물이 있다. 답답한 마음으로 기다림의 골짜기를 지날 때도 있었고, 기적이라고밖에 말할 수 없는 전혀 예상하지 못했던 반전도 있었다. 잘 짜인 시나리오는 애초부터 없었고, 은혜와 기도로 상상을 넘어서는 변주는 계속되었다. 홍정길 목사가 주인공으로 보일 수도 있겠으나, 그의 뒤를 받쳐 준 수천 명의 명품 조연들이 없었다면 이 드라마는 은혜의 이야기를 절대로 들려줄 수 없었을 것이다. 이 책은 20년짜리 드라마에서 가장 핫한 부분만 고르고 고른 편집본이다. 기대하시라.

1부

생명의빛교회

기도 위에 지은 집

교회는 기도로 지은 집이다. 벽돌, 창문, 계단, 십자가…. 기도가 깃들지 않은 부분이 없다. 눈에 보이는 것일지라도 보이지 않는 기도의 변장일 뿐이다. 기도 없이 지어진 집은 교회가 아니다. 기도 속에 담긴 참회와 눈물, 소원과 기쁨, 기대와 미래가 차곡차곡 쌓여 이루어진 집이 바로 교회다. 생명의빛교회 역시 기도 위에 지은 집이다.

생명의빛교회는 남서울은혜교회가 강원도 가평군 설악면 설곡리에 조성하는 설악예수마을 안에 있다. 2011년 4월 기공식을 갖고 본격적인 조성 작업에 들어간 설악예수마을은 은퇴한 선교사들에게 제2의 고향이 될 것이며, 깨어진 세상에서 사는 가정들이 신앙을 바로 세워 가는 수련 장소로 사용될 예정이다.

생명의빛교회가 지어지는 데는 훗날 전설이 될 사연들이 많다. 세상 사람들은 입을 모아 '기가 막힌 우연'이라고 부르지만, 우리는 '하나님의 섭리'라고 말한다. 아무리 아귀가 딱 맞아떨어지는 기막힌 우연이라고 해도 도무지 사람의 말과 논리로는 설명할 길 없는 특별한 무언가가 있기 때문이다.

생명의빛교회가 지어져 가는 과정에서 만난 특별한 무언가, 기가 막힌 우연 아닌 그 절대적 필연, 그래서 하나님의 섭리라는 말 외에는 설명할 길이 없는 그 과정에서 우리는 맨 처음 두 사람의 기도를 만난다. 생명의빛교회의 터, 그 가장 밑바닥에는 두 사람의 기도가 있다.

어머니가 한평생 드린
기도 위에

소년은 산과 들로 다니며 노는 걸 좋아했다. 노는 게 좋아 허구한 날 학교를 빠졌다. 학교 가는 날보다 결석하는 날이 더 많았다. 소년의 어머니는 애가 탔다. 공부 안 한다고 구박도 하고 야단도 많이 쳤다. 어머니의 잔소리도 싫고 학교도 싫었던 소년은 결국 초등학교 5학년 때 가출을 감행한다. 초등학교도 마치지 못한 채 천지를 떠돌던 소년이 자라 성년의 몸으로 집에 돌아왔을 때 어머니는 기도하는 어머니가 되어 있었다. 그러나 30년간 자식을 위해 하루도 빠짐없이 새벽기도를 하셨던 어머니를 소년은 곧 가슴에 묻어야 했다. 소년의 기억 속에 자신이 어머니에게 한 일이라고는 불효밖에 없었다. 평생 자신을 위해 기도하신 어머니를 생각할 때마다 소년은 마음이 아팠다.

소년의 이름은 이장균. 지금은 러시아 연해주와 한국을 오가는 사업가로서 남부럽지 않은 부와 명성을 누리지만, 그의 가슴 한쪽은 늘 비어 있었다. 돌아가신 어머니의 빈자리다. 되돌릴 수만 있다면 시간을 되돌려 어머니 뜻을 따르고 싶고, 갚을 수만 있다면 어머니의 기도를 조금이라도 갚고 싶다. 그래서 마음에, 아무에게도 말하지 못한 '좋은 예배당 하나 짓고 싶다'는 소망이 있었다. 어머니를 위해 예배당 하나 지어 드리면 못다 한 효도를 다 할 것 같고, 어머니의 기도에 보답 할 것 같았다.

이장균 회장이 홍정길 목사를 만난 건 2009년. 의미 있는 조우였다. 생명의빛교회에 깃든 첫 번째 기막힌 우연이었다.

그 예배당, 목사님이 안 지으실랍니까?

2009년, 남서울은혜교회의 연해주 사역팀은 고려인들의 생계를 위해 축산 사업을 고려 중이었다. 돼지를 키울 만한 적당한 땅을 알아보던 중, 블라디보스토크 영사는 10년 넘게 통나무집 짓는 사업을 하는 이장균 회장을 소개했다. 홍정길 목사와 사역팀은 그를 만나기 위해 블라디보스토크에서 북동쪽으로 약 250킬로미터 떨어진 연해주 제2의 도시 나홋카(Nakhodka)까지 갔다.

이장균 회장이 경영하는 회사에 도착한 홍 목사 일행은 입이 딱 벌어졌다. 쭉쭉 뻗어 나간 아름드리 홍송(紅松)이 산더미처럼 쌓여 있었기 때문이다. 지름이 50-60센티미터는 족히 되어 보이는 최고급 홍송이었다. 적어도 수령이 400년은 넘는 것들이었다. 홍송은 시간을 덧입을수록 빛깔이 고와지고 향기가 좋아져서 궁궐을 짓는 주요 목재로 쓰이며, 벌레가 들지 않아 예로부터 왕의 관은 반드시 홍송으로 만들었다.

홍 목사는 그렇게 많은 최고급 홍송의 용도가 궁금했다.

"이 좋은 홍송으로 무엇을 하실 생각이십니까?"

"예배당 지어야죠."

뜻밖의 대답에 홍 목사는 다시 물었다.

"회장님, 예수님 믿는 분이십니까?"

이 회장은 손사래를 쳤다.

"아니 내가 왜 예수를 믿습니까? 이렇게 많은 목사 떼거리는 생전 처음 보는데요. 교회 근처에도 안 가 본 사람입니다."

이장균 회장은 입이 걸었다. 처음 만난 홍정길 목사 일행에게 "이렇게 많은 목사 떼거리는 생전 처음 봤다"는 소감을 거침없이 쏟아낼 정도였다. 하나님을 모르는 이장균 회장은 홍 목사와 사역팀, 선교사를 모두 목사라고 생각했다. 그런 이 회장이 단호하게 예배당을 짓겠다는 데는 필경 무슨 사연이 있음에 틀림없었다. 5학년 때 가출한 이야기, 무학으로 떠돌던 이야기, 평생 기도하신 어머니 이야기들을 들려주면서, 그는 어머니를 위해 이 홍송으로 예배당을 짓고 싶다고 말했다. 그의 목소리는 간절하고 진실했다.

홍송 구경을 마치고 나오는데 이 회장이 홍 목사에게 대뜸 한마디 던졌다.

"목사님. 그 예배당, 목사님이 안 지으실랍니까?"

두 번째 물음에 작심하고 던진 말

홍 목사는 말없는 웃음으로 이 회장의 말을 넘겼다. 입이 걸쭉한 그 사람 말을 어디까지 진심으로 받아들여야 할지 애매했다. 예배당 지을 생각 없냐는 말이 홍송을 팔겠다는 말인지, 기증하겠다는 말인지, 아니면 그냥 해본 말인지 알 수가 없었.

이장균 회장과 홍정길 목사는 그로부터 보름 후 일원동 밀알학교에서 다시 만났다. 건강검진차 귀국한 이 회장에게 홍 목사는 밀알학교를 안내해 주었다. 한 시간에 걸쳐 밀알학교를 둘러본 그가 들려준 소감은 의외였다.

"참 훌륭합니다. 목사님은 제가 하고 싶은 거 다 하셨네요."

젊은 시절, 이장균 회장에게도 자살을 생각할 만큼 힘든 날들이 있었다. 우연히 장애 시설을 운영하는 선교사를 알게 되어 그곳에 가서 장애아들을 만났다. 몸이 불편한 그들도 살기 위해 애쓰는데 멀쩡한 육신을 가지고 자살을 생각했다는 게 한없이 부끄러웠다. 그때 마음을 고쳐먹었다. 돈을 벌면 반드시 장애인을 위한 좋은 시설을 만들겠다고 다짐했고, 마침내 여주에 장애인을 위한 시설을 하나 지었다. 그리고 장애인을 위한 시설을 하나 더 만들 생각을 하던 참에, 밀알학교를 돌아보며 다시 한 번 도전받은 것이다.

헤어질 무렵, 이 회장은 또다시 한마디 던졌다.

"목사님, 예배당 하나 안 지으실랍니까?"

이 회장이 두 번씩이나 물어보자 홍 목사는 작심하고 되물었다.

"홍송을 파실 겁니까, 그냥 넘기실 겁니까?"

이 회장의 목소리가 높아졌다.

"내가 준다고 하지 않았습니까?"

최고급 홍송, 한국으로

2010년 9월, 드디어 생명의빛교회에 쓰일 첫 홍송이 도착했다. 100본이 넘는 어마어마한 양의 홍송이었다. 숭례문 복원 작업에서 대들보와 추녀를 만드는 데 필요한 홍송 20본을 구하려고 전국의 소나무 숲을 다 헤맸다는 사실을 생각하면, 생명의빛교회 건립에 자재로 들여온 홍송이 얼마나 귀한 것인지는 두말할 필요도 없다. 2010년 12월, 추가로 도착한 홍송을 합하면 총 370본이었다. 이 회장이 지난 10년 동안 고르고 골라 모아 둔 최고급 홍송들이었다.

홍송은 가공된 상태로 들여왔다. 하지만 현지에서 가공 작업을 맡은 중국인들이 요청한 치수대로 정확하게 절단하지 않고 적당히 작업하는 바람에 못쓰게 된 홍송이 많았다. 홍정길 목사는 추가로 들여오는 홍송은 '구입'하겠다고 말했다. 최고급 홍송을 더 이상 거저 받는 것이 미안했던 것이다. 특히 자신이 아껴서 따로 모아 둔 무언가를 내놓는다는 것은 지극한 마음이 아니면 불가능하다는 것을 잘 알고 있기 때문이기도 했다. 그러자 이 회장은 무릎을 치며, 깜짝 놀랄 만한 연해주 사정을 들려주었다.

얼마 전 산판에 가득 벌채해 둔 더 굵고 좋은 홍송을 알게 되어 대량으로 구매해 두었는데, 그날 저녁 뉴스에 내일부터는 홍송 벌채를 일절 금지한다는 보도가 나온 것이다. 이 회장은 "누군가 이 일을 되게 많이 봐준 것 같다"며 절묘하게 맞아떨어진 타이밍을 신기해 했다.

'그렇게 봐준 이가 누구겠습니까? 예수님이지.'

홍정길 목사는 속으로 대답해 주었다.

어머니의 눈물의 기도와 간구가 응답되어

세상에서 가장 아름답고 쓸모 있는 나무, 홍송은 그렇게 생명의 빛교회의 일부가 되기 위해 러시아에서 한국으로 들어왔다. 그런데 지름 35센티미터에서 1미터에 이르는 아름드리 홍송을 자르고 다듬는 것은 또 하나의 엄청난 작업이었다. 아무리 수소문해도 그만한 목재를 다룰 사람이 국내에는 극소수에 불과해 일을 맡기는 것이 쉽지 않았다. 나무 한두 재 자르는 데 시간이 엄청 걸렸고, 일손은 더디기만 했다. 이렇게 시간을 보내다가는 몇 달, 아니 몇 년이 걸릴지도 모를 일이었다. 중세 고딕 성당의 대표작 쾰른대성당을 짓는 데 600여 년이 걸렸다는 사실에 안위하며, 교회 역시 서둘지 않기로 했다.

그러던 중 뜻밖의 희소식 하나가 날아들었다. 홍송을 들여올 즈음, 산림청에서 수백 억짜리 나무 자르는 기계를 수입했고 그 기계를 민간에 임대해 준다는 것이었다. 목재 다룰 목수가 없는 상태에서 최고의 타개책이 나온 셈이다. 기계는 원하는 형태를 프로그램으로 조정하면 그대로 절단되는 최신 절단 기능을 갖추고 있었다. 이보다 더 좋을 수 없는 희소식이었다.

홍송 확보에서 치목에 이르기까지 비밀스럽게 미리 준비된 일들이 드러났고, 막힌 것처럼 보이던 문제들도 예상치 못한 방법으로 술술 풀렸다. 그 즈음, 교회는 또 한 번 하나님의 간섭하심을 경험한다. 교회 구조를 책임지는 파트에서 처음의 설계를 변경해 금속 파이프를 모두 제거했다. 금속 파이프와 홍송으로 꾸며지는 돔 형태의 교회 천장에서 파이프가 제거되면서 무게가 1/3로 줄었다. 무게만 줄어든 것이 아니라 비용도 1/3로 줄었다.

기도 위에 지은 집이라고 해도 완공을 향해 나아가는 것은 여러 사람의 손들을 통해서다. 사람이 기도가 되고, 기도가 사람이 되어 지어져 가는 집이 교회다. 홍정길 목사는 홍송에 담긴 하나님의 섭리를 이렇게 정리했다.

"귀한 홍송들은 한 어머니의 눈물의 기도와 간구가 응답되어 우리에게 왔습니다. 눈물의 기도는 결코 땅에 떨어지지 않습니다. 이 홍송을 기꺼이 드린 이장균 회장의 생애도 그 어머니의 기도로 말미암아 하나님께 드려질 것입니다. 이제 기도로 성전 짓는 일이 우리 앞에 남았습니다"(《은혜나눔터》 2010년 10월호).

열두 살 소년의 기도

생명의빛교회 설계는 남서울은혜교회 유걸 집사가 맡는 것이 당연한 수순처럼 보였다. 그런 결정이 내려졌다 한들 이의를 제기할 사람은 없었을 것이다. 유걸 집사는 남서울은혜교회의 자랑인 '밀알학교'를 설계해, 김수근건축상과 대한민국건축가상을 수상했을 뿐만 아니라, 최근에는 서울시 신청사를 설계한 대한민국 대표 건축가다. 하지만 이번 생명의빛교회 설계는 프랑스 베르사유 대학에서 건축을 가르치는 신형철 교수가 맡았다. 누구도 예상하지 못했던 이 반전에도 하나님의 섭리가 숨어 있다.

  그 반전을 설명하기 위해서는 먼저 롱샹(Ronchamp) 성당 이야기

프랑스 벨포르 근처에 있는 세기의 걸작, 롱샹 성당. 영혼을 울리는 건축 미학의 거장 르 코르뷔지에의 작품이다.

부터 하는 것이 맞다. 프랑스 파리에서 차로 4시간 반 떨어진 벨포르 근처에 있는 롱샹 성당은 20세기 최고의 건축물로 평가받는다. 영혼을 울리는 건축 미학의 거장 르 코르뷔지에의 작품이다. 롱샹 성당은 프랑스 작은 시골 언덕 위에 하나의 조각처럼 서 있다.

르 코르뷔지에가 롱샹 성당을 '시각적 음향학'이라고 자평한 것에 대해, 디자이너 최경원은 이런 해석을 붙였다.

"수평으로 두둥실한 지붕들, 기둥처럼 수직으로 솟아오른 부분들, 평평하게 흐르다가 때론 휘어져 돌아가는 벽면들의 흐름, 간간이 점을 찍듯이 뚫어진 창들의 가벼운 추임새들을 보고 있으면 마치 리듬이 충만한 음악을 눈으로 듣는 것 같다. 마음을 편하게 하고 지긋이 이 성당을 바라보면 눈으로 그레고리안 성가를 들을 수도 있다."

예술의전당을 설계한 건축가 김석철은 직설적인 소감을 적어 두었다.

"롱샹은 눈이 부셨다. 감동이 전신을 물결치듯 휩싸고 돌았다. 건축적 감동보다는 창조에 대한 환희 같은 것이었다."

유걸 집사의 은사이자 대한민국 1세대 건축가 김수근 선생은 롱샹 성당을 보고 "사람이 다시는 그런 감동적인 성당을 지을 수 없다"고 극찬했다.

"하나님, 저도 이런 예배당 지어 드리고 싶어요."

롱샹 성당을 보고 인생의 방향을 바꾼 사람은 한둘이 아니다. 일본이 배출한 세계적인 건축가 안도 타다오 또한 롱샹 성당을 보고 건축가의 길을 걷기로 작정했다. 롱샹 성당을 보고 나서 자기 길을 확정한 또 한 사람이 바로 신형철 교수다.

신형철 교수는 열두 살 때 롱샹 성당을 처음 만났다. 프랑스에서 작품 활동을 하던 신 교수의 부친 신성희 화백은 세계 3대 아트 페어 중 하나이며 미술계의 올림픽이라 불리는 바젤 아트 페어에 종종 참석했다. 신 화백은 열두 살 형철과 함께 바젤 아트 페어에 가다가 롱샹 성당에 들렀다. 성당을 보는 순간, 열두 살 소년의 눈에선 자기도 모르게 눈물이 뚝 떨어졌다. 한 시간 이상, 눈물은 기도가 되어 소년의 영혼을 적셨다.

"하나님, 저도 이런 예배당 지어서 하나님께 드리고 싶어요."

그 후로 형철은 그 기도와 서원을 향해 달려갔다.

소년 형철은 롱샹 성당을 보고 건축가가 되기로 작정했다. 하나님의 교회를 짓는 건축가가 되겠다고 마음을 굳혔다. 대학 진학을 앞두고 형철은 건축을 공부하고 싶다는 뜻을 집안에 조심스레 밝혔다. 어른들은 흔쾌히 형철의 결정을 존중했다. 자녀를 위한 부모님의 간곡한 기도를 알고 있던 신형철 교수는 그때까지만 해도 집안 어른들은 자신이 목회자가 되기를 바란다고 생각했다.

베르사유 대학에 입학한 뒤 그는 유럽의 유수한 건축대회의 상들을 휩쓸었다. 그가 공모한 작품들은 모두 교회였다. 작품으로 인정받은 형철은 졸업 후 베르사유 대학에서 교수 청빙을 받았다. 최종 평가 자리에서 신형철이 내놓은 작품 역시 교회였다. 면접 자리에 나온 교수들로부터 "왜 사양 산업이 분명한 교회를 설계하는 겁니까?"라는 질문을 받았다.

"이런 예배당을 설계하고 싶어서 건축을 공부했기 때문입니다."

신 교수의 대답을 듣고 교수들이 일제히 웃었다.

"당신은 평생 돈하고는 상관없는 일을 하겠군요."

20년 기도가 맺은 열매

2009년 2월 프랑스에 갔다가 홍정길 목사는 신 교수의 부친 신성희 화백으로부터 이 이야기를 전해 들었다. 젊은 시절, 홍 목사가 신 화백 결혼식 때 축가를 불렀을 정도로 홍 목사와 신 화백의 교분은 막역했다. 열두 살 어린 나이에 하나님께 가장 좋은 교회를 지어 드리고 싶어서 건축가가 되기로 작정하고 그 꿈을 이룬 신형철 교수의 이야기는 홍 목사에게 강한 인상을 남겼다. 눈물로 서원한 신형철 교수의 기도가 잊히지 않았다.

홍 목사는 교회를 짓겠다는 사람이 있으면 누구에게든 신형철 교수를 소개하리라 생각했다. 교회 건축에 이 정도로 열정을 가진 사람이라면 누구에게 추천해도 보람 있을 것 같았다. 하지만 건축가 신형철 교수의 기도가 홍 목사 자신과 연결되어 있다는 것을 당시에는 전혀 짐작도 못했다. 은퇴를 몇 년 앞둔 홍 목사 자신이 교회를 지을 일은 없을 테니까.

그 사이 러시아로부터 홍송이 들어오고, 설악예수마을이 본격 진행되기 시작했다. 생명의빛교회 건축도 확정되었다. 그때 홍 목사는 신형철 교수의 기도가 떠올랐고, 파리로 전화해서 그에게 설계를 맡아 줄 것을 제안했다. 신 교수는 부활절 방학을 이용해 한국에 가겠다고 흔쾌히 승낙했다. 2010년 11월 1일, 가평군에서 건축 허가가 났다. 열두 살 소년의 기도가 마침내 지상에서 모습을 드러낼 기회가 생긴 것이다.

홍 목사는 유걸 집사에게 양해를 구했다. 대한민국 최고의 건축가가 교회 안에 있는데, 그에 비하면 정말 새파랗게 젊은 교수에게 생명의빛교회 설계를 맡겼으니 미안한 마음이 들었다. 유걸 집사는 유쾌하게 동의했다.

"생명의빛교회 설계는 신형철 교수가 맡는 것이 마땅합니다. 열두 살 소년이 서른다섯이 될 때까지 하나님의 전을 짓겠다고 기도했는데, 그보다 더 아름다운 일이 어디 있습니까?"

열두 살 소년이 20년 넘게 하나님께 드린 기도, 그 열매가 바로 생명의빛교회 설계다.

최선의 신앙고백은 예배당이 되어

신형철 교수의 설계 작업은 변경할 수 없는 한 가지 전제 아래 진행되어야 했다. 으레 건축가는 중요한 구조와 자재를 염두에 두고 설계에 들어간다. 반면에 생명의빛교회의 경우, 건축가가 결정되기도 전에 이미 '홍송'이라는 자재가 교회를 표현하는 중요한 소재로 결정되어 있었다. "신앙고백의 최선인 예배당을 만들겠다"고 밝힌 신 교수는 서울과 파리를 오가며 구상한 예배당의 '홍송'과 설계 의도를 이렇게 설명한다.

"살아 있는 나무가 하늘을 향해 서 있는 것처럼, 기증받은 시베리아 홍송 통나무를 모두 수직으로 세워 나무가 생명적 건축의 몸을 이룬다는 것을 보여 주고 싶었습니다. 수직은 부활과 생명의 자세입니다. 세워진 원기둥 사이사이로 들어온 자연광이 예배실 안을 비춥니다. 빛은 하나님의 말씀이자 생명을 상징합니다. 빛이 홍송의 질감, 색상, 형태를 입고 구체화되어 다가오는 것이지요."

교회는 겉에서 보면 직선 구조로 되어 있지만 안으로 들어와 만나는 예배당은 둥근 원구형이다. 그래서 밖과 안은 전혀 다른 느낌을 준다. 밖에서 보는 직선의 교회 건물과 안에서 만나는 원구형의 예배당, 유리로 된 외면과 나무로 장식된 내면. 이렇게 바깥과 안이 다르고 처음과 나중이 다르다. 믿음을 전후로 인생이 다르듯, 삶과 죽음 이후가 다르듯이 말이다. 그 생소한 다름을 만나며 예배자들은 세상과 분리되어 하나님의 임재 가운데 들어온다.

"둥근 원구형의 예배당 중앙에는 둥근 수반이 있고, 그 안 가운데에 십자가가 있습니다. 이와 같은 원형 예배당은 초대교회 정신과 종교개혁 이념에 근거한 것입니다. 모든 예배자들은 동일하게 원구 중앙의 십자가를 향해 둘러앉습니다. 예배의 중심은 오직 예수님이시며, 십자가는 중앙 수반에 서 있으므로 세례의 물을 통해 다가갈 수 있습니다."

신형철 교수의 말대로 예배당 가운데에는 물 위에 선 십자가가 있다. 그 위로 돔 형식의 천장에는 홍송이 달려 있고, 나무 사이로 햇빛이 쏟아진다. 예배자들은 그 공간 중심부에 있는 십자가를 통해 우리 삶 가운데 있는 예수님을, 천장에 매달린 홍송을 통해 생명과 빛을 넘치도록 느낄 것이다.

예배당에 쓰일 홍송은 약 850개 정도. 1차 가공이 된 것을 들여왔기 때문에 형태가 모두 달라 일일이 손으로 하나씩 다듬는 정밀한 작업을 거쳐야 한다. 나무 길이가 긴 것은 7미터에 이르며, 나무 길이는 모두 더하면 3.5킬로미터에 달한다.

지상에서 가장 아름다운 악기와 조각

홍송을 기증받고 건축가가 결정된 후, 홍정길 목사는 기막힌 하나님의 섭리를 두 번이나 더 경험한다. 생명의빛교회를 더 빛나게 할 두 가지 결정적 포인트였다. 한 가지는 악기였고, 나머지 하나는 조각이었다.

홍 목사는 아주 특별한 건축이 될 생명의빛 예배당에 어울리는 악기로 트루에 오르겔(Truhe Orgel, 미니사이즈 오르간)이 가장 적합하다고 생각했다. 예배당 규모로 볼 때 대형 파이프 오르간은 너무 컸기 때문이다. 홍 목사는 유학생수련회(KOSTA)로 유럽에 들를 때마다 트루에 오르겔을 수소문했다. 유감스럽게도 제작하는 곳이 거의 없었고, 있다고 해도 100년 전에 제작된 앤티크밖에 없었다. 앤티크 오르겔 값은 10만 유로가 넘는 고가인 데다가 설령 구매한다 하더라도 통관 절차가 엄청나게 복잡해 엄두도 내지 못했다. 더욱 심각한 문제는 고장이 나면 수리할 사람도, 부속도 없다는 것이었다. 홍 목사는 이래저래 고민이 깊어졌다.

하지만 하나님은 생명의빛교회 예배당에 들여올 트루에 오르겔을 이미 준비하고 계셨다. 그것도 국내에 있는 한국인 최초의 오르겔 마이스터인 홍성훈 선생을 통해 최고의 트루에 오르겔을 완성시키셨던 것이다.

2011년 2월, 동대문역사공원에서 〈서로 다른 꿈, 디자인 음악을 만나다〉라는 이름의 콘서트가 열렸다. 트루에 오르겔 다섯 대에, 현악 앙상블, 대금, 피리, 오보에와 바순이 함께한 특별한 콘서트였다. 관중들은 특히 트루에 오르겔의 선율에 감동했다. 이 콘서트에 참여한 트루에 오르겔은 홍성훈 선생이 제작한 것이었다. 홍 선생은 독일에서 25년간 오르겔 제작을 수련한 한국 최초의 오르겔 마이스터다. 선생은 제작 비용이 만만치 않음을 감안해 동시에 다섯 대를 제작했다. 그중 세 대는 사전 구매가 이루어지고, 한 대는 자신의 스튜디오에 전시용으로 두고, 나머지 한 대는 아직 주인을 찾지 못한 상태였다. 결국 생명의빛교회 예배당은 마지막 한 대의 주인이 되었다. 트루에 오르겔은 예배당이 지어지기도 전에, 생명의빛교회의 첫 번째 악기가 되어 그날을 기다리고 있다.

그뿐 아니다. 2011년 2월, 홍정길 목사는 한 갤러리를 찾았다가 우연히 프랑스 최고의 나무조각가 장 파트리스 울몽(Jean Patrice Oulmont)을 알게 되었다.

"울몽은 자신이 흐름을 만들지 않고 나무의 흐름을 따라 조각하는 것이 특징이었습니다. 그 아름다움의 깊이가 참으로 대단하더군요. 나무를 깎아도 나무의 결을 따라 깎으니까 나뭇결의 자연스러움이 그대로 살아 있었습니다. 너무 감동한 나머지 함께 전시를 하고 있던 한국 작가에게 울몽의 작품에 대해 칭찬을 많이 했습니다. 그런데 그분이 그 이야기를 울몽에게 그대로 전했나 봐요. 그랬더니 자신을 초청해 주면 건물을 짓고 남은 홍송으로 나무 조각품을 하나 만들겠다고 제안해 왔습니다."

목재가 주요 소재인 예배당에 목재로 된 조각품. 전혀 예상하지 못했던 이 엄청난 어울림을 만드신 하나님을 생각하며, 홍 목사는

한국인 최초의 오르겔 마이스터 홍성훈 선생과 트루에 오르겔 작업실

다시 한 번 그분의 섭리를 느꼈다.

"제가 한 일이라고는 '작품들이 참 좋다'는 칭찬뿐이었는데, 하나님은 홍송이 있는 예배당에 나무로 된 조각품을 연결시켜 주셨습니다."

생명의빛교회에 홍송과 기도, 악기와 조각품이 하나씩하나씩 깃들면서 생명이 숨 쉬고 빛이 들기 시작한다. 사람의 기획이 아닌 하나님의 섭리에 의해 이루어지는 생명의빛교회를 보면서 다시 한 번 그분의 은혜를 확인하는 시간들이 계속되고 있다.

하나님이 주신 선물,
설악예수마을

뜻밖에 마련된 터

　2006년은 홍정길 목사가 첫 목회를 시작한 남서울교회에서 개교회로는 국내 처음으로 해외에 선교사를 파송한 지 꼬박 30년이 되는 해다. 말놀이 좋아하는 세상 사람의 셈법으로 하면 30년은 강산이 세 번 바뀌는 엄청난 세월이다. 그 시간의 유속과 함께 복음 들고 산을 넘었던 선교사들은 이제 은퇴할 시점을 앞두고 있다. 평생을 헌신하다 은퇴해 한국으로 돌아오지만, 그들이 살아야 할 한국은 예전에 그들이 떠났던 한국이 아니다. 정치, 사회, 문화, 정서적인 면에서 백이면 백 모두 달라져서, 마치 그들이 선교지에 처음 발을 내디뎠을 때처럼 한국 사회에 '적응'이 중요한 과제로 다가온다. 가장 절박한 것은 그들이 머리 둘 집 한 칸이 변변치 않다는 것이다.

홍정길 목사는 어느 해 러시아 유학생수련회(KOSTA)에 참석했다가 '한국에 돌아가면 머물 방 한 칸이 없다'는 한 선교사의 솔직한 호소를 들었다. 그것은 우리 선교사들이 처한 현실이었다. 그 뒤로 선교사들이 은퇴한 뒤 기거할 곳을 마련하는 일이 홍 목사에게는 목에 걸린 가시처럼 숙제로 다가왔다. 홍 목사는 "목회 일선에서 물러나면 전국을 다니며 동냥질을 해서라도 은퇴 선교사를 위한 집을 지어야겠다고 생각할 정도로 부담감을 느꼈다"고 털어놓는다. 그렇지만 그 부담감을 떨쳐 낼 묘안은 없었다. 남 모를 가슴앓이가 시작된 것은 그 무렵부터였다.

그러던 중 하나님은 강원도 가평군 설악면 설곡리에 약 40만 제곱미터(11만 6천 평)의 땅을 허락하셨다. 어떤 계획이 있어서가 아니라, 상황에 떠밀려 남서울은혜교회가 구매할 수밖에 없는 땅이었다. 남서울은혜교회의 첫 번째 형제교회인 과천새서울교회를 살리기 위한 어쩔 수 없는 선택이었다. 안타깝게도 과천새서울교회는 설곡리에 56만 제곱미터(17만 평)의 땅을 구입했으나 이자를 감당하지 못해 담보로 했던 교회 본당까지 넘어갈 상황에 처했다. 결국 문제를 해결하기 위해 남서울은혜교회는 그중 약 40만 제곱미터를 구입하고 장기발전위원회를 발족시켰다. 앞으로 그 땅을 어떤 계획 아래, 어떻게 발전시킬 것인지 연구하는 일종의 테스크 포스(TF)팀이었다.

목에 걸린 가시처럼 늘 답답하기만 하던, 은퇴 선교사들을 위한 집 마련 문제가 드디어 구체화되기 시작했다. 2006년 당시 남서울은혜교회가 돕는 선교사는 165명이었고, 23개의 형제교회는 500가정 이상의 선교사들을 돕고 있었다. 그들이 현지 사역을 마치고 은퇴할 때, 교회는 그들을 위해 무엇을 해줄 것인가? 교회가 결정하기까지는 그리 오랜 시간이 걸리지 않았다. 설곡리는 지리적으로도 서울과 접근성이 좋았다. 서울-춘천간 경춘고속도로를 이용하면 남서울은혜교회에서 1시간이 채 걸리지 않는다. 평생을 하나님께 드린 선교사들을 섬길 수 있는 귀한 둥지의 기초는 이렇게 마련되었다.

가족들의 삶을 풍성하게 하는 공간

은퇴 선교사를 위한 집 마련과 함께 TF팀이 주목한 것은, 주5일제로 대폭 늘어난 여가 시간에 교회는 어떻게 대응할 것인가의 문제였다. 아울러 급격히 줄고 있는 어린이들의 신앙 훈련을 어떻게 시킬 것인가 하는 문제에도 집중했다. 2010년 12월을 기준으로,

강원도 가평군 설악면 설곡리에 건축 중인 생명의빛교회 조감도

주보가 밝힌 공식 장년 수는 4,500명인 반면 아이들 숫자는 1,000명 수준이었다. 그래서 남서울은혜교회는 그곳을 설악예수마을이라 이름하고, 가족들이 함께 부대끼며 정과 믿음을 두텁게 하는 장소와 기회를 제공하는 데 역점을 두기로 했다.

"부모의 신앙이 아무리 좋아도 전수되지 않으면 안 됩니다. 우리 하나님은 아브라함과 이삭과 야곱의 하나님이십니다. 족장들은 삶과 삶이 마주치면서 교육하고 훈련하였습니다. 인격은 하나님 앞에서 다른 사람의 삶과 부딪히면서 형성됩니다. 요즘은 부모와 자녀의 삶이 만날 수 있는 공간이 없습니다. 설악예수마을이 부모와 자식이 함께 만나 예배하는 공간이 되면 좋겠습니다. 금요일 저녁에 들어가 주일에 나오는 프로그램 안에서 아빠와 엄마, 그리고 자녀들이 함께 어울리는 시간을 가지면서 신앙을 전수하는 기회를 갖기 바랍니다"(2010. 12. 19. 홍정길 목사의 주일 설교).

2012년 7월, 설악예수마을 헐몬캠핑장에 마련된 20개 텐트는 이미 예약 만료 상태다. 어린 자녀를 위한 게스트하우스도 사정은 마찬가지다. 방학이 아닌 주말에는 다양한 프로그램(젊은 부부모임, 신혼커플, 예수마당 등)과 자율 캠프가 역동적으로 진행되고 있다. "설악예수마을은 하나님의 선물이며, 남서울은혜교회 가족들의 생명을 풍성하게 하는 공간이 될 것"이라고 말한 홍정길 목사의 말대로, 그곳에서는 오늘도 영혼의 쉼과 믿음의 충전이 이루어지고 있다.

평생의 헌신에 상징으로 보여 주신 하나님

2011년 4월 9일, 드디어 설악예수마을 기공예배가 드려졌다. 많은 이들의 기도와 축하 속에 생명의빛교회 예배당, 게스트하우스, 캠프장, 자연학습장 등을 짓기 위한 역사적인 한 삽이 떠졌고 참석자들은 모두 갈채를 보냈다. 교회 식구들뿐만 아니라 여러 선교 단체 대표들도 참석해 설악예수마을의 시작을 함께 기뻐했다.

"남아공에 계신 선교사로부터 이런 이야기를 전해 들었습니다. 선교사들 모임에서 남서울은혜교회가 은퇴 선교사들의 집을 짓고 있다는 소식을 듣고 모두가 함께 기뻐하며 울었답니다. 그분들은 우리 교회와 별 상관이 없는 분들입니다. 그런데도 우리 교회가 그 일을 하고 있다는 것만으로도 그렇게 기뻐했답니다. 그러니 이 일이 선교 현장에 있는 분들에게 얼마나 격려가 되는 일입니까? 이 일이 얼마나 귀한 일입니까?"

홍정길 목사는 다시 한 번 이 일은 반드시 해야 할 일이라고 생각했다. 남아공 선교사들이 흘린 눈물은 곧 2만 3천여 선교사들의 마음이다. 선교사들은 자신들의 마음 깊은 곳까지 헤아려 준 남서울은혜교회의 설악예수마을 사역에 진심으로 감동했던 것이다.

홍 목사는 설악예수마을은 하나님이 준비해 주신 것이라고 믿는다. 인간적인 계산이나 계획을 떠나 하나님이 선교사들을 사랑하는 마음을 설악예수마을을 통해 보여 주신 것이라는 말이다. 장애아이들을 사랑해서 밀알학교의 세라믹팔레스홀을 주신 것처럼 말이다.

홍정길 목사는 밀알학교의 세라믹팔레스홀(도자궁전)을 무엇보다 자랑스럽게 생각한다. 세상에서 가장 훌륭하고 아름다운 음악홀이기 때문이다. 도자궁전은 중국의 도예가 주락경 선생이 3년 넘는 시간과 정성을 들여 음악홀 외벽과 내벽을 도자기로 완성해 홀 자체가 하나의 작품이다. 주락경 선생은 겨우 흙 값만 받고 이 작품을 만들어 기증했다. 미국 윌로우크릭교회가 세라믹팔레스홀 같은 공간을 만들어 줄 수 있느냐고 요청했을 때 주락경 선생은 천만 달러를 준다고 해도 불가능한 일이라며 딱 잘라 거절했다. 주락경 선생이 이 작품에 혼신의 노력을 쏟아부었음을 알 수 있는 대목이다.

종종 지상에서 가장 아름다운 이 멋진 도자기 홀에 대해 '아깝다'거나 '안타깝다'는 반응을 보이는 이들이 있다. 발달장애 아이들은 이 작품의 위대함이나 절정의 아름다움을 전혀 알지도, 느끼지도 못하는데 밀알학교에 이런 홀이 있는 게 무슨 소용이냐고 묻는다. 홍정길 목사는 그들과 생각이 완전히 다르다.

"자폐아들이 그 작품이 얼마나 멋진지 아느냐 모르느냐는 중요하지 않습니다. 중요한 것은, 우리 주님이 그 아이들을 천하보다 귀하게 여기신다는 상징이 바로 그 작품이라는 것입니다. 주님은 세상에서 가장 멋진 음악홀을 장애아들에게 주셨습니다. 생명의

예배당을 설계하고 싶어서 건축을 공부했던 신형철 교수,
그리고 그의 기도 응답인 생명의빛교회 설계 모형과 함께

빛교회도 그렇습니다. 평생을 선교지에서 헌신하고 은퇴하는 선교사들을 위해 주님은 생명의빛교회를 마련해 주셨습니다. 선교지에 모든 걸 쏟고 빈손으로 병든 몸으로 돌아오는 선교사들은 방 한 칸 없는 현실에 자신의 인생이 실패한 것이 아닌가 회의에 빠지기도 합니다. 그러나 주님은 생명의빛교회를 주셔서, '내가 너희를 소중히 여긴다'는 것을 보여 주십니다. 수고한 너희들을 위해 내가 이 땅에서 준비한 것이라고 말씀하십니다. 사람들이 빨간 카펫을 밟을 때 우리는 천국에서 황금 길을 밟을 것입니다. 사람들은 사람의 눈빛을 의식하지만 우리는 천군천사의 환영을 받을 것입니다. 사람들은 메달을 받지만 우리는 영광의 면류관을 받을 것입니다. 천국에서의 모습, 그 상징이 바로 생명의빛교회입니다"

(2011. 4. 10. 홍정길 목사의 주일 설교).

  우리는 생명의빛교회가 완성되는 과정에서 필연이 아닌 섭리를 본다. 기도하는 사람들을 움직여 주님이 주신 선물, 생명의빛교회. 그 천국의 상징을 만날 날이 멀지 않았다.

2부

우리들이 행복해지는 인생의 학교

생활훈련학교 이야기

세상의 학교는 살아가는 데 필요한 지식을 가르쳐 준다. 하지만 인생을 살아가면서 가정에서 맡는 여러 역할들에 대한 지혜를 가르치는 학교는 어디에 있을까? 어린이가 자라 장성한 어른이 되면, 시기는 저마다 다르지만 남자는 신랑이 되고 남편이 되고 아버지가 된다. 여자는 신부가 되고 아내가 되고 어머니가 된다. 환경과 상황에 따라 다소 차이가 있긴 해도 누구든 그 자리에서 해내야 할 역할이 있다.

남자와 여자가 신랑과 신부가 되어 가정을 이룬다. 그들은 자연스럽게 남편과 아내가 되지만, 두 사람 모두 처음 해 보는 역할이다. 그러니 두 사람 사이에서 삐걱거리는 소리가 들리는 건 당연한 일이다. 거기에 자녀가 태어나면, 남편과 아내라는 역할에 익숙해지기도 전에 그보다 100배는 더 어려운 아빠와 엄마 역할이 추가된다. 100배나 더 어렵다는 건, 아빠와 엄마의 역할은 자녀가 성장하면서 그만큼 다양하고 시의적절하게 변주되어야 하기 때문이다. 게다가 부모는 나이 들면서 자기 인생에 대해서도 적절하게 대응해 나가야 하는 숙제도 안고 있다.

인생의 시간 속에서 다양한 역할과 나이듦을 너끈히 감당할 수 있도록 지혜를 가르치는 학교가 있다면 얼마나 좋을까? 게다가 그 모든 지혜의 뿌리와 중심이 하나님 말씀을 기준으로 정렬된 것이라면 이보다 더 좋은 학교는 없을 것이다. 다행히 그런 인생의 학교가 남서울은혜교회에 있다.

생활훈련학교의
이유 있는 시작

인생의 각 단계에 맞는 학교

복음이 삶으로 실천되면 삶은 전격적으로 변화되지만, 복음을 아는 것에만 그친다면 달라지는 건 아무것도 없다. 크리스천이 천만인 시대를 살고 있다지만 그들이 사는 사회와 가정이 복음 없는 사람들과 별반 다르지 않다면 그것은 말씀이 삶에서 살아 있지 않다는 뜻이다. 다양한 영적 훈련 프로그램들이 관심을 끌었던 건 그만큼 삶을 바꾸고 싶은 열망이 절박하다는 뜻이기도 하다. 하지만 유감스럽게도 영적 훈련과 관련한 많은 프로그램들은 우리 삶을 변화시키지도, 우리를 행복하게 만들지도 못했다.

"'살아 계신 하나님의 말씀만을 온전히 붙잡는다면 반드시 이 땅은 달라질 것이다'라고 생각해서 제자훈련을 시작했습니다. 성도들이 그룹 성경공부를 통해 하나님 말씀을 깊이 묵상하고 말씀의 깊이를 경험하는 복을 누리기를 소원했습니다. 많은 사람들이 제자훈련에 동참했지요. 하지만 역시 그 한계를 경험했습니다. 제자훈련 이후 '리더십'이라는 새로운 단어가 등장했습니다. '예수님은 제자를 키우신 것이 아니라 지도자를 키우셨다. 제자훈련이라는 단어에는 지도자 훈련이라는 말이 빠져 있다'라며, 리더십의 중요성이 달라스 신학을 중심으로 부각되었습니다. 그러나 리더십 훈련에 정성을 쏟아도 진정한 리더십이 나오지 않는 것이 문제였습니다. 이후 리더십 훈련으로는 부족하며 삶이 변화하려면 '본'이 있어야 한다는 생각으로 확장되었습니다. 그러면서 멘토를 통한 변화, 즉 멘토십 이론이 새롭게 대두되었습니다. 이 이론대로라면 한경직 목사님이 본이 된 영락교회는 달라져야 하고, 박윤선 목사님을 본으로 삼은 신학교는 새로워져야 하죠. 하지만 그렇지 않은 현실을 보며 고민하지 않을 수 없었습니다."

이렇게 기존의 훈련 프로그램의 한계와 문제를 고민하던 홍정길 목사는 새로운 길을 모색해야 했다. 사람이 살아가는 한평생 인생의 각 자리에 맞는 훈련이 필요하다는 결론에 이른 것이다.

"우리에게 가장 중요한 것은 하나님 말씀을 보고 말씀대로 사는 것, 그리고 하나님께 기도로 모든 것을 아뢰는 것입니다. 그런데 내가 선 자리에서 말씀에 어떻게 순종해야 하는지, 또 어떻게 기도해야 하는지 잘 모르기 때문에 막연한 순종과 기도 단계에 머물며 머뭇거립니다. 남서울은혜교회는 이 문제를 고민했습니다. 그러다 말씀의 구체적인 실천을 돕기 위해 삶의 각 단계에 맞는 생활훈련학교를 시작했습니다."

그 고민의 결과, 인생의 각 단계에 맞는 학교가 탄생했다. 인생의 어느 단계에서 첫 번째 학교가 시작되어야 할까? 사람은 어린아이로 태어나지만, 성경의 첫 번째 생명들은 성인으로 창조되었다는 사실에 주목했다. 하나님은 어린아이 아담과 하와를 만드신 것이 아니라, 사랑하고 결혼해서 가정을 이룬 성인 아담과 하와를 창조하셨다. 이를 근거로 생활훈련학교는 '결혼예비학교'로 시작된다. 이어 인생의 주기를 따라 12개 학교로 나아간다. 신랑과 신부에서, 남편과 아내로, 아버지와 어머니로 자신의 역할이 달라질 때마다 그 역할에 가장 필요한 지혜들을 배우고 나눈다.

현재 생활훈련학교는 인생 여정을 12단계로 나누고 결혼예비학교, 신혼커플학교, 부부태교학교, 애착부모학교, 새세대엄마학교, 사춘기자녀부모학교, 크리스천부모학교, 청년기부모학교, 부부학교, 어머니학교, BMR(평신도 후반기 사역 훈련), 새롬평생대학을 운영하고 있다.

생활훈련학교의 시작은 '결혼예비학교'지만, 그 모태는 '좋은 엄마들의 모임'이었다.

소박한 시작은 2개의 학교로

2005년, 생활훈련학교라는 이름이 남서울은혜교회에 공식적으로 처음 등장했다. 가정, 부부, 부모를 중심으로 생의 주기에 맞춰 구성된 생활훈련학교의 첫 학교는 결혼예비학교지만, 가장 먼저 시작된 학교는 새세대엄마학교다. 처음부터 거창하게 '학교'라는 이름을 달고 시작하거나, 체계적인 시스템 아래 출발한 건 아니었다. 1996년 9월 12일, '좋은 엄마들의 모임'이라는 매우 소박한 이름으로 시작했다가 '새세대엄마들의 모임'으로, 다시 '새세대엄마학교'로 이름을 바꿔 달면서 생활훈련학교에 가장 먼저 자리를 잡았다.

엄마 손이 한창 필요한 아이들을 둔 엄마들은 친구를 만나는 일도, 구역 모임에 나가는 일도 모두 버겁고 불편하다. 아이와 씨름하느라 밥 먹을 틈도 없이 분주한 엄마들이 답답하고 힘든 마음을 나누기 위해 '좋은 엄마들의 모임'을 시작한 것이 오늘날 생활훈련학교의 출발점이다. 여기서 했던 여러 내용들이 하나둘씩 구체화되면서 어머니학교, 부부태교학교, 애착학교 등 각 인생 주기에 맞춘 학교로 독립해 나갔다. 초기에 '좋은 엄마들의 모임' 멤버들은 자연스럽게 다른 생활훈련학교에서 중추적인 역할을 해냈다.

이렇게 15년 전, '좋은 엄마들의 모임'으로 출발한 소박한 모임은 현재 12개 학교로 성장해, 일상에서 헤매는 한 사람의 인생과 가정을 바꿔 나가고 있다.

생활훈련학교 총괄디렉터 박남숙 교수는 생활훈련학교를 두고 "내 안에 남아서 잘못된 방향으로 가게 하는 낡은 지도를 보게 하고, 배우자 관계와 자녀 관계가 올바른 방향으로 가도록 새로운 지도로 업그레이드하는 곳"이라고 말한다. 그래서 생활훈련학교의 지향점은 "자녀가 하나님과 인격적인 관계를 맺도록 부모가 통로 역할을 하며, 자녀가 성령의 아홉 가지 열매처럼 건강하고 균형 잡힌 인격으로 자라가도록 한 가정을 세우는" 데 있다.

생활훈련학교의 각 학교 이름으로도 알 수 있듯이, 생활훈련학교의 중심 키워드는 가정, 부부, 부모다. 즉 한 사람의 삶을 변화시키기 위해서는 가정이 변해야 하고, 가정의 변화를 위해서는 가정의 중심축인 부부와 부모가 반드시 변해야 하기 때문이다. 박 교수는 "부모가 바로 서기 위해서는 부부가 바로 서야 하며, 자녀에게 '본'이 되기 위해서는, 즉 '멘토'의 역할을 하려면 부모 자신이 인격적 영적인 면에서 부단히 성장해야 한다"며 생활훈련학교가 부부와 부모 중심으로 구성된 이유를 밝힌다.

남서울은혜교회 생활훈련학교는 신랑과 신부가 만나 가정을 이루고, 남편과 아내가 되어 자녀를 낳고, 아버지와 어머니가 되어 자녀의 성장 단계에 따른 적절한 역할을 배우는 전체 과정을 15년 만에 완성했다. 홍정길 목사는 남서울은혜교회에서 가장 잘했다고 생각하는 일 중 하나로 생활훈련학교를 꼽았다.

그렇다면 생활훈련학교의 모토, '건강한 영혼, 행복한 가정'을 꿈꾸며 역동하는 12개 학교에서는 무엇을 배우는 것일까? "주의 말씀은 내 발에 등이요 내 길에 빛이니이다"(시 119:105)라는 말씀을 품에 안고 살아가야 할 인생 여정에 필요한 지침들은 무엇일까?

인생을 배우는
12개 학교*

결혼예비학교: 웨딩은 하루뿐, 결혼은 평생

결혼예비학교는 결혼을 앞둔 커플이 '언약으로서의 결혼'을 배우는 학교다. '결혼의 성경적 의미', '남녀의 차이', '나와 배우자의 이해', '커플 대화법', '결혼과 성', '성경적 결혼 준비', '부부의 비전', '종강 워크숍' 등을 주제로 8주 동안 진행된다.

많은 커플들이 연애할 때는 결혼 생활에 대해 막연한 기대와 상상을 하지만 정작 결혼이 무엇인지에 대한 고민이나 공부 없이 결혼 생활에 진입한다. 그리고 너무 많은 시간과 에너지와 재물을 결혼식 준비에 쏟아붓는다. 두 사람의 하나 됨이 결혼(marriage)보다는 웨딩(wedding)에 지나치게 초점이 맞춰져 있는 것이다. '결혼'은 화성에서 온 남자와 금성에서 온 여자의 결합이기 때문에 수많은 '차이'를 '조화'로 바꾸어야 하는 지난한 과정임에도 불구하고, 거기에 대해 별 준비나 생각을 하지 못한다. 결혼예비학교는 그 '준비'에 대한 특별 훈련이다.

결혼예비학교는 "남자가 부모를 떠나 그의 아내와 합하여 둘이 한 몸을 이룰지로다"(창 2:24)라는 말씀을 근거로, "지상 최고의 복을 성경에서 찾으며, 성경적 결혼을 준비하도록 도와주는 곳"이다.

특히 참석자들에게 결정적으로 유익한 강의로 꼽히는 강의는 남녀의 차이, 배우자에 대한 이해, 커플 대화법이다. 강의의 핵심을 요약하면 "뇌 구조와 성격, 능력, 언어 등 서로 다른 남녀의 차이를 이해함으로써 갈증과 상처 등의 요인을 줄이고 보완, 수용하며 존중을 통해 행복한 결혼 생활을 준비한다. 성격적으로 다른 나와 배우자의 강점과 단점을 이해하고 차이점을 수용하도록 도우며 돕는 배필로서의 관계 맺는 법을 배운다. 나-전달법을 비롯해 경청과 공감 등 효과적인 대화법을 배워 부부의 친밀감을 높이면서 갈등을 효과적으로 풀어 나간다"는 것이다. 이렇게 소통과 수용을 배우는 강의들은 하나같이 상대방에 대한 이해와 공감에 초점을 맞추고 있다. 그만큼 두 사람의 '차이'로 생기는 갈등의 여지를 최소화시키자는 것이다.

'언약으로서의 결혼'을 배우는 결혼예비학교

2012년 5월 현재, 14기까지 진행된 결혼예비학교는 한 기수에 한두 쌍이 이별하는 궂은 소식을 듣기도 한다. 결혼 준비 과정에서 두 사람 사이에, 또는 집안 문제로 생긴 갈등들을 해결하지 못하고 관계가 깨진 것이다. 그렇지만 이런 안타까운 뉴스가 결혼예비학교의 스태프들과 상담전문가의 도움을 받아 갈등이 해결되고 위기를 넘기는 희소식으로 바뀌기도 하기 때문에, 진행팀은 무한한 보람을 느낀다.

"결혼예비학교를 수강하지 않았으면 크게 후회할 뻔했다"는 어느 수강생의 소감이 말해 주듯, 결혼예비학교가 결혼을 앞둔 모든 커플에게 첫 번째 결혼준비목록이 된다면, 생활훈련학교의 교훈 '건강한 영혼, 행복한 가정'은 두 사람 사이에서 이미 시작된 것이리라.

신혼커플학교: 연애와 결혼의 차이를 배운다

신혼커플학교는 결혼 후 6년이 안 된 남편과 아내가 '사랑 안에서 연합하는 법'을 배우는 학교다. '하나 됨의 성경적 의미', '나와 배우자의 원가족 알아 가기', '남녀의 차이 알아 가기', '행복한 결혼을 위한 예방 백신', '하나가 되기 위한 둘: 문제 해결', '신혼기 부부 경제', '더 큰 하나가 되는 비결: 떠남', '마음: 행복한 부부 관계의 자물쇠' 등을 주제로 8주 동안 이어진다. 2012년 7월 현재, 14기까지 배출된 신혼커플학교는 12개 생활훈련학교 중 역사가 긴 편에 속한다.

2001년에 나온 영화 〈봄날은 간다〉의 남자 주인공 상우의 대사 한 줄은 지금도 명언처럼 회자된다. "사랑이 어떻게 변하니?" 그 대답은 강한 부정을 내포하고 있지만, 남녀의 사랑은 변해 가는 것이 마땅하다. 연애 중일 때의 사랑, 결혼하고 나서의 사랑, 아이를 낳은 후의 사랑은 시간이 지날수록 점점 더 깊어지고 넓어져야 한다. 그러나 많은 사람들이 연애 중인 사랑과 결혼 후의 사랑을 구별하지 못할 뿐만 아니라 결혼 후에 달라지는 새로운 사랑에 대한 준비도 거의 하지 않는다. 그래서 결혼한 후에 '연애할 때 만난 상대방'이 너무 달라졌다며 갈등하는 모습을 흔히 본다.

연애하던 남자와 여자는 결혼 후 남편과 아내라는 새로운 역할을 부여받는다. 결혼 전에는 부모의 그늘 밑에서 주로 돌봄을 받는 쪽이다가, 결혼과 함께 매사에 어른 역할을 해내야 하는 자리에 앉는 것이다. 아울러 양쪽 집안에서 사위와 며느리라는 역할까지 감당하며 여러 사람들을 챙기고 배려해야 한다. 남편과 아내라는 역할에 익숙해지는 과정에서 두 사람은 크고 작은 충돌과 갈등으로 지치고 싸우고 힘들어 한다. "신혼 초기에 주도권을 잡아야 한다"라든지, "자존심을 지켜야 한다"라든지 주변에서 부부 생활 노하우를 어설프게 배운 경우라면 관계는 점점 더 어려워지기 십상이다.

신혼커플학교는 화성에서 온 남자와 금성에서 온 여자가 '사랑 안에서 연합하는 방법'을 배우는 곳이다. 강의가 처음 개설되었을 때는 신혼 커플의 문제를 해결하는 데 주안점을 두다가, 이제는 두 사람이 더 좋은 관계를 만들기 위해 어떻게 해야 하는지 해법을 찾는 방향으로 무게중심을 옮겼다. 프로그램 전체 내용을 미래지향적으로 바꾼 것이다.

"공감 반영이나 경청 피드백을 통해 부부로서 서로의 느낌과 반응을 주고받는 기회가 된 것 같아서 감사해요. 이 시간에 배운 것들이 앞으로 인생을 살아갈 기초가 될 것 같습니다."

어느 신혼 커플의 소감처럼 신혼커플학교를 통해 많은 결혼 새내기들이 평생 사랑하며 살아가는 부부 생활의 건강한 기초를 세우고 있다.

부부태교학교: 부부가 함께하는 첫 교육

예비 부모가 '부모 됨의 의미'를 배워 가는 부부태교학교는 2012년 현재 14기까지 마쳤다. 연 2회 개설되는 이 강의는 '사랑과 축복의 임신과 태교', '우리 아기를 가졌어요: 임신 1-5개월', '우리 아기가 자라고 있어요: 임신 6-9개월', '애착: 건강한 부모

아기가 받아들이는 애착 관계는 아이의 평생을 좌우한다. 이 시기의 아이들을 어떻게 사랑으로 채워 줄지 배우는 애착부모학교

자녀 관계의 첫걸음', '시작이 반이다: 출산', '출산을 준비하는 마음' 등 6강으로 구성되어 있다. 피치 못할 경우를 제외하고는 부부가 함께 참석하는 것이 원칙이며, 다른 교회 성도도 수강이 가능한 열린 학교다.

처음에는 '임산부를 위한 세미나'라는 이름으로 시작되어 임산부들만 참가하는 것이 당연한 것처럼 보였다. 하지만 곧 태교라는 매우 특별한 교육은 임신한 아내 혼자 하는 것이 아니라, 부부가 함께하는 것이므로 '부부태교학교'로 이름을 바꾸고 정식 출범했다. '임산부를 위한 세미나'는 보통 하루 일정이었으나, 참여자들이 좀 더 체계적인 내용을 다루면 좋겠다고 의견을 내놓아 오늘의 부부태교학교로 자리를 잡았다.

아가를 맞을 준비가 된 엄마와 아빠들은 이 학교에서 태중의 생명은 하나님께서 주신 것임을 알고, 하나님 안에서 잘 자라도록 하나님 말씀을 통해 부모 됨을 준비한다. 사실 임신 사실을 알게 된 부부는 태교라는 과정에 함께하면서 이미 아빠와 엄마의 역할, 자녀와의 관계를 시작한다. 280일이란 시간 동안 아빠와 엄마는 태아와 함께 가족으로서의 첫 교감을 나누는 것이다.

주일에 진행되는 부부태교학교는 개강과 수료 과정이 여느 학교와는 다르다. 언제 임신이 될지 모르고, 언제 아기를 출산할지 모르기 때문이다. 그래서 개강과 동시에 모든 수강생이 확정되지 않고, 수료 역시 수강생들이 함께하지 못하는 경우도 많다. 임신이 되면 언제나 들어올 수 있도록 학교 문이 항상 열려 있고, 참석 인원에도 제한이 없다. 예정일이 아닌 다른 날짜에 출산하기도 해서 스태프들은 수강 중에 출산 선물을 미리 전한다.

애착부모학교: 애착 관계가 평생을 결정한다

36개월 미만의 자녀를 둔 부모들이 '애착의 중요성과 애착강화법'을 배우는 학교다. '애착에 대한 이해와 유형', '애착의 걸림돌과 애착의 회복', '애착과 뇌 발달', '애착강화법: 감각 훈련을 통한 감수성 훈련', '애착의 시기: 발달 과정에 대한 이해', '성경 속의 어머니', '영유아 예배와 신앙 교육' 등 다양한 애착을 주제로 8주 동안 진행된다.

애착부모학교에서 엄마들은 지금 아이를 기르는 일이 아이의 평생을 결정한다는 것을 배운다. 아기가 받아들이는 애착 관계라는 틀이 아기가 사람과 세상을 대하는 태도, 나아가 하나님을 대하는 태도를 결정한다는 것도 알게 된다. 평생을 좌우하는 감정이 정해지는 이 시기의 아이들을 어떻게 사랑으로 채워 줄지 엄마들은 고민하며 배운다.

생활훈련학교의 다른 학교들은 이름만 들어도 대충 어떤 학교인지 짐작할 수 있지만, 애착부모학교는 조금 낯선 이름이다. '애착'이라는 개념이 그리 보편화되지 않았기 때문이다.

애착부모학교는 애착을 이렇게 설명한다. "애착이란 갓 태어난 아이가 자신을 보살피고 양육해 주는 사람에게 느끼는 특별한 관계를 말한다. 세상에 막 던져진 아기는 낯선 세상에 대해 두려움을 느낀다. … 그래서 아기는 이 두려운 세상에서 자신의 생명을 유지하기 위해 자신을 돌봐 주고 키워 주는 한 사람에게 완전히 의지하고 싶어 한다. 그때 두 사람 사이에 생기는 특별한 관계를 '애착'이라고 부른다. 이 애착은 일반적으로 태어난 첫해에 대부분 형성된다. … 아이가 어렸을 때 아이와 부모 사이에 형성된 건강한 애착은 어른이 되어서도 그 아이의 모든 인간관계는 물론, 하나님과의 관계에까지 지대한 영향을 미친다."

엄마들은 이곳에서 애착이 무엇인지, 어떻게 애착이 맺어지는지, 엄마 자신은 사람들과 하나님과 어떤 애착을 맺고 있는지, 어떻게 하면 불안정한 자신의 애착을 안정된 애착으로 바꿀 수 있는지 배운다. 수강생들이 36개월 미만의 어린아이들을 둔 엄마들이라 수업은 자녀와 함께 방에서 진행된다. 아이들이 엄마와 떨어지는 것 자체가 어렵고 또 활동성이 왕성한 나이인지라, 책상과 의자에서 수업하는 것이 어렵기 때문이다. 방바닥에 긴 책상을 사이에 두고 강사와 학생들은 자유로운 분위기에서 진지하게 공부한다. 서로 나누고 도움 받을 일이 많아 조별 활동 시간은 활발하게 진행된다.

낮 시간에 같이 지내는 할아버지와 할머니를 엄마보다 더 좋아하는 아들 때문에 고민이 많았던 한 엄마는 애착부모학교에서 배운 대로 실천에 옮겨 아이와의 애착 관계를 건강하게 교정할 수 있었다고 고백한다.

"강의 중에 눈 맞추는 것에 대한 이야기를 듣고 그때부터 눈을 맞추며 아이와 이야기하기 시작했습니다. 전에는 대부분 다른 일을 하면서 아기가 옆에서 놀고 있을 때 이런저런 이야기를 했습니다. 하지만 이제 아기를 앉혀 놓고 눈을 보면서 대화하기 시작했는데 놀랍게도 불과 1-2주 만에 효과가 나타났습니다. … 이렇게 아기와 함께하는 시간을 통해 아이에게 더 집중하면서 저희 모자 관계는 더욱 돈독해졌습니다".

"36개월 미만의 아이들이 처음 맺는 관계들은 아이들 평생의 감정이 되고, 거기에 따라 사람들과 하나님과 어떤 관계를 맺는지 결정된다"는 사실을 인식한 엄마들은 이 학교가 아이의 미래를 위해 얼마나 중요한지 깨닫는다. 그래서 엄마들은 아이의 건강한 미래를 위해 기꺼이 시간과 에너지를 투자한다.

남서울은혜교회의 꿈나무들

새세대엄마학교: 모든 생활훈련학교의 모태

　미취학 자녀를 둔 엄마들을 위한 새세대엄마학교는 '부모의 영성-공감 능력'을 주제로 8주 동안 진행된다. '부모자녀 상호작용: 아동 중심 놀이', '미취학 자녀 이해', '자녀 대화법: 감정 코치', '아름다운 훈계', '자녀 양육에서 아버지 역할의 중요성', '부모 이해: 독이 되는 부모', '자녀에게 물려준 기독교세계관과 가치관', '자녀 양육과 영성' 등을 다룬다. 특별히 방학 중에는 아빠들을 대상으로 특강반을 운영해, 부모가 자녀 양육에서 서로 보조를 맞추도록 배려하고 있다.

　15년이란 역사를 자랑하는 새세대엄마학교는 가장 먼저 시작된 생활훈련학교 과정이다. 그만큼 오랜 시간 속에서 얻은 다양한 경험을 통해 미취학 자녀를 둔 부모들이 반드시 들어야 할 내용들을 계속 제시하고 있다.

　아직 엄마 손이 많이 필요한 자녀들을 두고 있는 엄마들이지만, 강의 때만큼은 누구랄 것도 없이 다들 두 팔 걷어 붙이고 준비와 정리를 거든다. 아이들에 매여 얼마나 분주한지 알기 때문에 서로 배려하면서 여력이 되는 사람이 먼저 나서서 돕는 미덕을 발휘한다.

　새세대엄마학교는 한 번 수강으로 끝내지 않고, 몇 년 걸러 재수강하는 엄마들이 많다. 첫째 낳고 왔다가 둘째가 생기면 다시 오는 식이다. 그래서 짧게는 1-2년, 길게는 5-6년 동안 꾸준히 참석하는 엄마들은 어떤 손길이 필요한지 한눈에 파악해 알아서 척척 돕는다. 이렇게 여러 번 참석하는 엄마들이 많아서 매번 똑같은 강의를 반복하지 않고 다양한 주제를 다룬다는 특징도 있다. 특히 비슷한 상황과 문제에 직면해 있는 엄마들은 해법을 찾으면서 인생의 고비를 함께 넘는다. 수강생들은 "교육을 받으면서 육아에 대한 불안이 사라지고 좋은 친구들을 얻은 게 가장 큰 기쁨"이라고 속마음을 털어놓는다.

엄마들은 새세대엄마학교에서 유아기와 아동기를 지나는 자녀의 신체적, 정서적, 지적, 사회적 특성을 이해한다. 또한 자녀와의 의사소통 방식, 감정 코칭, 그리고 자녀의 신앙 교육과 이를 위한 부모의 영성에 대해 배워 가면서 자녀 양육에 대한 성경적이며 실제적인 지식과 청사진을 갖게 된다.

엄마는 조금씩 변화된다. 불안과 걱정에서 안정으로, 육아로 인한 고립과 고통에서 나눔과 배려로 나아간다. 10년 이상 새세대엄마학교를 섬긴 한 전도사는 이것을 가장 가까운 곳에서 느낀 사람이다.

"처음 새세대엄마학교에 찾아와 불안과 어려움을 호소하던 엄마들이 몇 학기씩 강의를 재수강하며 성장하는 모습을 볼 때 보람을 느낍니다. 특히 안정된 모습으로 이제는 다른 엄마들을 위해 섬김이로 봉사하는 모습을 볼 때 가장 감동을 느낍니다."

사춘기자녀부모학교: 사춘기, 세상에서 가장 어려운 시간

사춘기 자녀를 둔 부모들이 '부모의 영성-함께 아파하기'라는 주제로, 8주 동안 사춘기 자녀를 어떻게 이해할지 배우는 학교다. 강의는 '사춘기 자녀의 마음', '청소년과 의사소통', '청소년 공부 심리', '청소년과 인터넷과 게임', '청소년의 이해와 부모의 영성', '사춘기 자녀를 어떻게 훈계할까', '청소년 이성 교제', '사춘기 자녀의 신앙 교육' 등으로 구성된다.

자녀를 둔 부모는 대개 자녀가 사춘기를 맞으면서 자녀와 첫 번째 고비를 만난다. 질풍노도의 시기에 있는 사춘기 자녀들에 대해 부모는 "답이 안 나온다"고 걱정이 많다. 제 속으로 낳은 자식이지만 부모 말에 어긋나겠다고 작정한 것처럼 한없이 비뚤어지는 시기이기 때문이다. 그동안 신앙 안에서 잘 키웠다고 생각했지만 아이들이 사춘기만 되면 신앙마저도 별 소용이 없어 보인다. 그래서 사춘기 자녀를 둔 부모 마음은 타들어 가기만 한다.

자녀가 '사춘기'를 잘 넘기기를 바라는 부모 마음은 타 종교를 갖고 있는 이들도 마찬가지다. 사춘기부모학교의 수강생들은 남서울은혜교회 성도가 아닌 타 교회 성도들도 수두룩하고, 심지어는 불교 신자도 있다. 부모 입장에서는 어떻게든 자녀의 사춘기를 잘 넘길 수 있는 '정답'을 찾는 일이 우선이라, 교회라도 마다하지 않고 찾아오는 것이다.

사춘기부모학교의 조별 모임은 생활훈련학교 중에서 가장 열기가 뜨겁다. 다른 가정의 자녀 이야기를 들으며 사춘기 자녀에 대해 선행 학습을 하는가 하면, 그래도 우리 아이는 낫다고 가슴을 쓸어내리기도 한다. 눈물과 한숨이 교차하다가도 금세 폭소가 터지기도 한다. 사춘기 자녀를 두고 있다는 공통분모만으로도 부모들은 쉽게 동병상련의 정을 나누는 동지가 된다. 인생에서 가장 민감한 시절을 보내는 자녀들을 이해하고 그들을 신앙 안에서 이끌고 나아가기 위해 부모들은 서로를 격려하며 8주를 보낸다.

크리스천부모학교: 아버지의 힘을 보여 줘

  초중고 학생을 둔 부모들은 크리스천부모학교에서 '부모의 영성-오래 참기'를 주제로 8주 동안 훈련받는다. '자녀의 마음 읽기', '자녀와의 대화법', '아름다운 훈계', '친밀한 부부 관계', '자녀의 신앙 교육', '자녀의 태도', '자녀와 인터넷과 게임', '역할 모델로서의 부모' 등을 주제로 공부한다. 크리스천부모학교는 2010년 시작되어 이제 겨우 2년이 지난 신생 학교다.
  매주 목요일 오전에 열리는 사춘기부모학교에 일하는 부모가 참석하는 것은 거의 불가능했다. 그래서 크리스천부모학교는 일하는 부모가 참석할 수 있도록 주일에 열린다. 반가운 것은 아버지들의 왕성한 참여로 아버지가 가정에서 제자리를 찾아 자녀 교육의 중심에 서고 있다는 것이다.

크리스천부모학교는 참석자 가운데 특히 아버지를 배려하고 격려하는 데 중점을 둔다. 스태프들 역시 집에 돌아가면 똑같이 부모 입장이다 보니, 수강생들과 한 배를 탄 동료의 마음으로 섬긴다. 부부가 한 팀으로 조를 섬기는 경우, 배려와 이해, 소통과 공감이 무엇인지 직접 보여 준다. 수강생들은 스태프들과 리더들의 헌신과 섬김의 본을 보면서 자신이 가정에서 어떻게 해야 하는지 배우고 깨닫는다.

수료식은 특별하다. 남자 스태프들은 빨간 넥타이를, 여자 스태프들은 빨간 스카프를 매고 수강생들에게 노래 선물을 하는가 하면, 한 학기 동안 참석한 아버지들에게 선물도 전달한다. 아버지가 바뀌어야 가정이 바뀌므로, 더 많은 아버지들이 학교에 와서 가정의 변화를 적극적으로 주도해 달라는 의미를 담은 특별한 축하연이다.

요즘 부모와 자녀 사이에 대화 단절과 소통 부재는 최고치에 달한 상태다. 아이들은 부모보다 컴퓨터나 스마트폰과 보내는 시간이 많다. 부모가 어떻게 자녀를 이해하고 이끌고 신앙으로 키워 나가야 하는지는 모든 크리스천 부모들의 최대 고민이자 숙제다. 그래서 크리스천부모학교에 온 수강생들이나 스태프 모두 이 학교가 존재한다는 사실에 감사하고 안도한다. 그만큼 공감과 울림이 있는 학교라는 말이다.

"자녀를 양육하는 현장에서 겪었던 것과 적용했던 것들이 녹아 있어 교육학이나 심리학으로 설명하기에 부족한 부분들까지 섬세하게 가르쳐 주셨다."

"부모와 자녀의 관계에서 느끼는 어려움이 부부간의 기질이나 성향의 차이, 교육에 대한 입장의 불일치에서 오는 갈등과 맞물려 있음을 발견하고, 이를 통해 바람직한 부부 관계의 정립에 대해서도 새롭게 생각하는 기회가 되었다."

"주일에 하는 강의라서 주중에 시간을 내지 못하는 워킹맘들이 많이 수강했다. 자녀를 어떻게 키워야 하는가에 대한 공통의 고민이 있어서 더욱 강의에 몰입할 수 있었다."

스태프와 참여자들의 소감만 들어도 크리스천부모학교의 기여를 짐작할 만하다.

청년기부모학교: 캥거루족이 고민이시라면

청년기 자녀를 둔 부모들을 대상으로 열리는 이 학교는 '부모의 영성-떠나보내기'를 주제로 8주 동안 진행된다. '청년기의 특징과 자녀의 이해', '청년기 자녀의 신앙 교육과 헌신', '청년기 자녀와의 의사소통', '자녀의 멘토로서의 아버지&성장한 자녀 떠나보내기', '진로와 취업 그리고 미래에 대한 준비', '청년기 자녀의 이성 교제와 배우자 선택', '청년기 자녀의 성격 이해', '자녀에게 물려줄 가치관과 세계관' 같은 강의들이 다루어진다.

5회에 걸쳐 준비 모임을 가진 후 2010년 9월 개교한 청년기부모학교는 아주 오랫동안 개교를 고민하던 학교였다. 처음에는 '대학생부모학교'라는 이름을 생각했지만, 준비 과정에서 진행한 교회 내 설문 조사 결과를 바탕으로 '청년기부모학교'로 이름을 바꿔 달았다.

청년기부모학교가 개교하자 부모들의 반응은 뜨거웠다. "대학만 들어가면 다 끝나는 줄 알았는데 여전히 대학 공부와 취업 때문에 고민이다", "다 컸는데도 집안일은 아무것도 할 줄 모른다", "서른이 넘었는데도 취업을 못해 지금까지 용돈을 타 간다", "결혼을 안 하겠다면서 만날 뭘 배운다고 학원비만 달라고 한다" 등등 부모들의 고민은 한이 없다.

최선을 다해 키웠지만 여전히 아이들은 사회에 잘 적응하지 못하고 독립적으로 할 수 있는 것도 별로 없다. 부모 세대는 청년기에 이미 책임 있는 사회인이 되어 가정을 책임진 반면, 오늘의 자녀 세대는 도무지 이해할 수 없는 행동 양식을 보인다. 이와 같은 공동의 고민을 가진 부모들이 모여 하나님 말씀 속에서 오늘의 위기를 극복할 지혜를 찾는 곳이 바로 청년기부모학교다. "자녀에게 물려줄 가치관! 이렇게 떠나보내자!"라는 청년기부모학교의 표어는 부모들의 바람을 대변해 준다.

자립과 독립을 했어도 한참 전에 했어야 할 이런 청년들을 세상에서는 보통 '캥거루족'이라고 부른다. 2000년 이후, 우리 사회에 급증한 캥거루족을 네이버 지식사전은 이렇게 정의한다. "독립할 나이가 되었는데도 부모에게 의존하며 사는 사람들을 이르는 말이다. 어미 배에 붙어 있는 주머니에서 6개월 내지 1년을 보내야만 독립할 수 있는 캥거루의 습성을 빗대어 만든 말로, 취업 여부와 상관없이 경제적이나 정신적으로 부모에게 의존하는 사람들을 가리킨다." 이런 청년들은 대개 부모의 간섭은 거부하고 자유를 요구하면서 정서적, 관계적, 경제적인 면에서는 부모에게 의존하는 것이 특징이다. 크리스천 청년이라고 예외는 아니다.

부모는 청년기부모학교를 통해 자녀의 청년기를 새롭게 이해하며 다가가는 법을 배운다. 자녀의 마음속 깊은 곳의 필요, 자녀와의 소통 방법, 부모로서 자신이 바꿔야 할 습관과 태도를 깨달으면서 청년기 자녀와 새로운 관계 설정 방법을 배우는 것이다. 피드백은 의외로 다른 쪽에서 나왔다. 청년들로부터 "부모님이 달라져서 관계가 좋아졌다"는 반응이 쏟아졌던 것이다. 그래서 청년들이 부모에게 청년기부모학교를 권하는 경우도 크게 늘었다.

부부학교: 소통과 회복을 향하여

결혼 7년차 이상의 부부가 함께하는 부부학교에서는 '돕는 배필로서의 부부'에 대해 공부한다. '관계회복: 부부와 자녀', '결혼의 성경적 의미', 'MBTI를 통한 나와 배우자의 성격 이해', '나와 배우자의 원가족 이해', '부부대화법', '부부의 용서와 치유와 회복', '부부의 영성: 인생 설계' 등을 주제로 8주 동안 진행된다. 처음에 부부학교는 남성학교로 출발했으나, 혼자 참여하는 남성보다 부부가 같이 참여하는 비율이 의외로 높아 부부학교로 전환되었다. 부부학교는 신앙에 상관없이 누구나 참여할 수 있다. 남서울은혜교회가 교회 안의 성도만이 아닌, 이 땅의 모든 가정이 건강하게 회복되길 바라는 마음으로 진행하는 치유 프로그램이다.

가정은 부부로부터 시작한다. 가정을 만들어 낸 씨앗이 부부이지만, 부부가 건강하지 못하다면 가정이 온전하지 못한 건 너무나 당연한 결과다. 부부가 병들면 자녀 또한 정서적으로 어려움을 겪기 마련이다. 한 꺼풀만 들춰 보면 부부 문제가 곪을 대로 곪아 있는 경우가 의외로 많다. 그래서 부부학교는 부부 관계 회복에 초점을 맞추고 있다.

부부학교가 많은 부부들에게 찬사를 받는 데는 1박 2일 세미나 프로그램이 단단히 한몫한다. 가정사역 전문가인 박수웅 장로가 진행하는 '작은 여행, 깊은 만남'이라는 알토란 같은 프로그램이다. 부부는 분주한 일상을 떠나 한적한 곳에서 부부의 성, 용서, 치유, 회복 훈련을 가진다. 조별 모임은 언제나 새벽까지 이어질 정도로 열띤 시간이다.

"개강 첫날 말수도 적고 서먹했던 조원들이 종강이 가까워질수록 나눔 시간이 부족할 정도로 이야깃거리가 많아지기 시작했다. 가정의 아픈 부분까지도 서슴지 않고 털어놓으며 서로를 위로하고 힘을 주는 모습들은 얼마나 진지한지 모른다."

한 수강생의 소감이 말해 주듯, 수강생들은 부부만의 상처들을 꺼내 놓고 용기를 내어 관계 회복의 길에 들어서기 시작한다.

어머니학교: 당신은 사랑받기 위해 태어난 사람

모든 어머니를 대상으로 하는 어머니학교는 '크리스천 여성의 자존감'을 주제로 8주 동안 진행된다. '자아존중감', '당신을 사랑함이 유일한 소망', '가족의 기능과 역할', '용서에 대하여', '부부의 친밀감과 대화', '부부의 성', '사랑으로 크는 자녀', '어머니의 영성'에 대해 배운다. 크리스천 여성으로서의 정체성 확립과 크리스천 가정에서 어머니와 아내의 중요성과 역할을 이해하는 것이 어머니학교의 포인트다.

2005년 봄, 30여 명의 어머니들이 '어머니 기도회'라는 이름으로 모였다. 모임을 통해 마음 깊은 곳으로부터 회복을 원하고 어려운 가정 문제를 해결하고 싶은 어머니들이 적지 않다는 것이 드러났다. 곧 이런 필요를 채워 줄 수 있는 프로그램을 만들자는 마음으로 기도 모임이 시작되었다. 외부 탐방으로 두란노어머니학교를 먼저 수료했다. 또한 14명의 예비 봉사자는 2005년 1년 동안 노상헌 목사에게 특별 교육도 받았다. 그 사이에도 주 1회 기도회도 계속되었다. 사역 매뉴얼과 '하나님의 소중한 딸, 세상의 어머니'라는 학교 교훈도 만들었다.

드디어 2006년 1기에 33명이 등록했다. 그렇게 시작된 어머니학교는 2012년 3월 현재 13기가 진행되고 있다. 어머니학교 역시 남서울은혜교회 성도로 참석 대상을 제한하지 않고 신앙과 관계없이 세상의 모든 어머니들에게 열려 있다.

많은 여성들이 아내, 어머니, 딸, 며느리 등 다양한 역할을 말없이 소화하느라 미처 자신의 내면에 쌓인 상처들을 돌아보지 못하고 아파한다. 그런 그들이 어머니학교에서 "하나님에게 사랑받는 존재라는 것을 깨닫고 쓸데없는 죄책감과 자기 학대로부터 벗어나 자기를 사랑하며, 하나님께서 짝지어 주신 부부로서 아름다운 가정을 만들고, 자녀와는 하나님이 원하시는 바른 관계를 갖는 일"을 배우며 실천하고 있다. 한 가정을 바로 세우고 다음 세대를 건강하게 길러 내는 것에, 한 여성의 변화가 얼마나 큰 영향을 미치는지 여성 스스로 경험하고 목도하고 소망하는 시간이다.

BMR - 평신도 후반기 사역훈련

BMR은 비즈니스 미션 바이 더 리타이어드(Business Mission by the Retired)의 약자로, '평신도 후반기 사역 훈련원'을 말한다. BMR은 생활훈련학교에서 매우 특별한 학교다. 다른 학교들은 여느 교회에서도 다른 이름으로 종종 찾아볼 수 있지만 BMR은 남서울은혜교회만의 독보적인 훈련학교다. 그래서 뒤에서 살펴볼 남서울은혜교회의 선교 사역 부분에서 다시 언급되겠지만 여기서는 간략하게 소개하고자 한다.

장년을 대상으로 하는 BMR은 '삶의 방향 전환: 의미와 가치 추구'라는 영성적 주제로 1학기 14주, 2학기 12주 동안 모두 26주, 그러니까 보통 7-8개월에 걸쳐 진행된다. BMR은 모든 크리스천 장년들에게 열려 있는 학교다. 1학기에는 '개인 진단(MBTI)', '선교 개론(성경적, 문화적, 역사적, 전략적)', '공동체 훈련(Send me 과정)', '기독교 기본 진리', '시니어 선교의 필요성', '마지막 때에 부르신 추수꾼들', 'GMF 선교 단체', '사례 발표', '1차 비전 여행', '보고서 및 추천 도서 발표', '타문화권 비즈니스 개척 사례', 'BMR 선배 활동 소개' 등의 시간을 갖는다. 2학기에는 '파워 크리스천', 'MK/MP 사역', '문화 사역', '영적 전쟁과 기도', '2차 비전 여행', '진정한 동역 관계', 'NGO 사역', '사회봉사(현장 방문)', '팀 사역', 'BMR 멤버십 데이', '나의 사역 성장 계획 세우기', '발표회 및 졸업식' 등으로 진행된다.

"많은 사람들이 자신의 전문성을 토대로 인생의 전반전에서 '성공'을 추구하는 삶을 살았다. 그렇다면 이제 인생의 후반기에서는 성공보다는 '의미'를 추구하는 삶을 살아야 한다. 하나님이 기뻐하시는 복된 삶을 살아야 한다. 바로 이런 의미에서 후반기 인생을 살아가는 분들에게 도움을 드리기 위해 생긴 학교가 BMR이다."

BMR 설립 취지가 가장 절실하게 다가오는 연령대는 역시 50-60대 남성들이다. 따라서 인생 후반에 인생의 의미를 찾되, 하나님이 기뻐하시는 삶에서 의미를 찾으려는 이들을 위해 BMR은 다양한 선교의 길과 방향을 제시한다. 남서울은혜교회의 특별한 선교 마인드를 반영하는 학교다(BMR에 대한 더 깊은 이야기는 234쪽에서 다루었다).

새롬평생대학: 아름다운 황혼을 더 멋지게

장년과 노년의 성인들을 대상으로 하지만 대학생들도 관심을 가지고 참여하는 열린 학교다. '영성적 삶: 통합과 깊이'를 주제로 10주 동안 진행되는 새롬평생대학은 2005년 9월 문을 열었다. 매년 봄과 가을 학기로 나누어 그야말로 속이 꽉 찬 깊이 있는 강의로 정평이 나 있다. 처음에는 다양한 주제를 다뤘으나, 2008년 가을 학기부터는 한 전문 강사가 한 분야를 집중적으로 강의하는 형식으로 변경되었고, 그동안 성지순례, 음악, 미술사, 건축 예술 등을 다양하게 조명했다.

월요일 저녁, 즐거운 인생 후반기를 만들기 위해 공부하는 어른들이 모여드는 새롬평생대학. 그동안 직장과 일상에 매진하느라 관심 있는 분야에 대한 갈망을 그냥 묻어 두었던 이들이 직장이 끝난 밤 7시에 교회에 나와 공부를 한다. 믿음이 없었는데 강의를 듣다가 회심하는 이도 있고, 일부러 찾아와 강의를 듣는 대학생도 있다. 매력적인 주제와 수준 높은 강의에 끌려 여러 학기 동안 거듭 수강하는 사람도 20명이 넘을 정도다.

새롬평생대학은 생활훈련학교 중 가장 수강생이 많다. 보통 한 학기 수강생이 150여 명이며, 이들을 돕느라 10여 명의 스태프들이 수고한다. 2008년에는 '예수님의 발자취를 따라서'라는 주제 아래 '성지순례 기행'을, 2009년 1학기에는 '교회음악사'를, 2학기에는 '교회미술사'를, 2010년 1학기에는 '하나님을 향한 건축 예술'을, 2학기에는 '고고학으로 읽는 성서 강의'를 진행했다.

"성경 말씀과 음악과 미술이 있고, 저마다의 나이와 형편에 맞는 배움으로 영혼을 맑게 살찌우게 하는 생활학교를 개설해 준 우리 교회가 고맙습니다."

"내 남편 내 가족 챙기기, 아이들 진로 걱정과 주부 모임으로 바빴을 내가 봉사와 가치 있는 일에 눈뜬 것은 모두 새롬평생대학의 강의가 있었기에 가능한 일이었습니다."

수료자들의 소감에서 알 수 있듯이, 새롬평생대학 학생들은 나이와 인생 경험과 상관없이 새로운 자신을 만난다. 일상에 치여 여태까지 미뤄 왔던 자신만을 위한 시간이기 때문이다. 비로소 느긋한 시선으로 인생을 바라보고 즐기고 느끼는 법을 배우는 셈이다.

생활훈련학교의
의미와 반응

말씀이 삶이 되고, 삶이 말씀이 되도록

　남서울은혜교회 생활훈련학교는 12개의 학교에 이어 현재 열세 번째 학교를 그리고 있다. 마지막 학교의 주제는 '호스피스 훈련'이다. 생활훈련학교의 호스피스 훈련은 기존 호스피스 교육과는 엄격한 의미에서 좀 다르다. 임종을 앞둔 환자들을 돕는 것이 아니라, 임종을 앞둔 환자가 되었을 때 자신의 연약함과 질병과 마지막 순간을 어떻게 보낼 것인지 배우는 데 초점이 있기 때문이다. 이 호스피스 훈련 학교까지 개설되면 인생이란 여정 가운데

홍정길 목사는 기존의 훈련 프로그램의 한계와 문제를 고민하며, 각 인생의 자리에 맞는 훈련이 필요하다는 것을 절감하고 생활훈련학교를 시작했다. 생활훈련학교는 신앙과 생활이 하나가 되도록 돕는 신앙훈련학교다.

한 사람이 다양한 위치에서 해내야 할 자기 역할을 배우는 전 과정이 완성되는 셈이다.

생활훈련학교에 대한 홍정길 목사의 애정은 각별하다. 40년 전 목회를 처음 시작했을 때 그는 무엇보다 성경공부를 강조했다. 성도들이 성경공부를 열심히 해서 성경대로 살면 문제가 없을 거라고 생각했다. 그런데 성경공부도 열심히 하고 교회에서 존경받는 분들이 실제 가정에서는 실패하는 예들을 보면서 뭔가 문제가 있음을 깨달았다. 신앙과 생활이 분리되어 있기 때문이라는 생각에 그는 생활 밀착형 신앙훈련학교가 필요하다는 뜻을 자주 밝혔다. 홍 목사는 "남서울은혜교회는 교회 안에서 결혼부터 시작해서 주님 앞에 서는 날까지 하나님 말씀의 인도를 받게 한다는 교육 목표를 세워 나가고 있다. 이것은 한 사람의 평생의 삶을 위한 프로그램이다"(《은혜나눔터》 2006년 4월호)라고 생활훈련학교의 의미를 강조한다. 말씀이 삶이 되고, 삶이 말씀이 되도록 말씀과 삶 사이에서 생활훈련학교가 착한 다리가 되어 주는 것이다.

입소문이 영향력을 키웠다

생활훈련학교위원회 위원장을 거친 곽종훈 장로 역시 생활훈련학교를 졸업한 수강생이다. 그는 자신이야말로 '생활훈련학교의 최대 수혜자'로서 "생활훈련학교에서 배운 대로 했더니 행복해졌다"고 고백한다.

그는 "생활훈련학교를 통해 경청과 공감 화법을 배웠다. 또 발달심리학, 자아심리학, 인지 치료 및 애착이론 같은 심리학적 접근을 배우면서, 가족 관계에서 만들어진 내 안의 어두운 내면을 볼 수 있게 되었다. 특히 복음이 마음 밭에서 살아 있는 씨로 자라간다는 것을 생활훈련학교에서 배웠다. 자기를 쳐서 하나님 말씀에 복종하는 삶을 배운 시간이기도 했다"고 덧붙였다.

한 수강생은 생활훈련학교가 있어서 남서울은혜교회가 더욱 자랑스럽다고 말한다.

"내가 우리 교회를 자랑스럽게 생각하는 것은 선교나 구제 등과 같은 일들도 있지만 이보다는 더 근원적이고 본질적인 인간 내면의 문제들을 다루고 신앙의 성숙을 향해 다양한 노력들이 시도되고 있다는 점이다. 세상에서 빛과 소금의 역할을 강조하기에 앞서 빛이 되고 소금이 될 수 있도록 양육하고 훈련하는 데 함께 고민하고 노력한다는 점에서 우리 교회의 진정성을 느낀다. 그곳에서 교회의 비전을 발견한다."

생활훈련학교는 말씀을 생활로 들여오는 것을 훈련하는 학교다. 인생의 시간에 따라 단계별로 짜여 있어서 한 학교를 마치면 자연스럽게 다음 학교로 연결된다. 생활훈련학교의 유익함을 한 번 맛본 사람은 당연히 다음 과정을 기대한다.

"장모님이 강요하셔서 듣게 되었는데요. 그때는 불편한 마음으로 시작했는데, 듣다 보니 매우 유익했어요. 전체 12개 학교가 있다고 들었는데, 12개 졸업장을 다 따는 것이 목표입니다."

이렇게 말하는 수강생이 한둘이 아니다.

생활훈련학교 역사가 15년을 훌쩍 넘어서면서, 학교는 교회 밖으로까지 영향력을 넓혀 가기 시작했다. 입소문이 나면서 수강생 중에 종교와 상관없이 찾아온 타 종교인들과 불신자들이 많아진 것이다. 대부분 신청만 하면 누구나 들을 수 있는 열린 학교다. 남서울은혜교회 가족들뿐만 아니라 타 교회, 타 종교인 누구라도 관심 있는 분야의 인생 학교를 선택할 수 있다. BMR 사역의 경우, 내부인보다 외부 수강생들 비율이 점차 많아지고 있다. 생활훈련학교의 모든 커리큘럼의 중심은 말씀에 있으며, 모든 강의의 뿌리는 성경에서 나온다. 따라서 생활훈련학교는 복음의 역동성을 실증하는 셈이다.

성경 말씀이 삶이 되는 훈련 학교의 영향력은 점차 확대되고 있다. 특히 여러 교회들이 찾아와 생활훈련학교의 운영과 진행을 배워 갔다. 2011년은 본격적인 외부 사역이 시작된 해다. 생활훈련학교를 개설하기 원하는 교회를 돕기 위해 남서울은혜교회는 스태프를 파견하여 세팅을 돕고 강의를 진행한다. 이제는 대내외적으로 능력 있는 변화 모델로 자리를 잡았다. 참여한 수강생들은 개인 영성에서 구체적인 변화를 경험하고, 외부 교회는 관심을 가지고 따라하기에 들어갔다.

영성 훈련과 변화의 촉매제로

매월 네 번째 토요일 새벽 6시, 생활훈련학교의 특별 기도 시간이다. 생활훈련학교 지도 목사, 총괄 디렉터와 임원들, 12개 학교의 부장들이 함께 모여 기도한다. 기도회를 마친 후에는 월례회가 이어진다. 12개 학교의 진행 사항과 교육 내용, 문제들을 함께 나누고 지혜로운 해법을 다 같이 모색한다.

15년 사역을 정리할 겸 생활훈련학교는 2011년 《생활훈련학교 이야기》라는 책을 펴냈다. 12개 학교를 소개한 이 책 뒷부분에는 생활훈련학교를 만들고 싶은 이들에게 아주 요긴한 지침이 실려 있다. 그동안의 노하우가 친절하고 구체적으로 소개되어 있다. 스태프를 세우는 일부터 개강을 준비하고 조별 모임을 진행하는 일은 물론이고, 심지어는 간식 준비와 세팅 같은 소소한 일까지 꼼꼼하게 정리했다. 생활훈련학교가 많은 이들의 영성 훈련과 변화의 촉매제가 된 데에는 그만큼 치밀한 노력이 숨어 있음을 알 수 있는 대목이다.

또 하나의 알찬 결실은 《인생 여정의 열두 단계》라는 책이다. 생활훈련학교에서 다루는 내용 중에서 학교별로 중요한 주제 일부를 추려서 만든 성경공부 교재용 책자다.

  1996년 작은 모임이 씨앗이 되어 2005년 생활훈련학교라는 멋진 비전을 현실로 그려 낸 교회 교육의 새로운 장, 12개의 학교들. 말씀이 삶이 되는 곳, 생활훈련학교는 앞으로도 인생의 굽이마다 우리 발에 등으로, 내 길에 빛으로 말씀을 비추어 줄 것이다.

* 2부에 실린 인용들은 《생활훈련학교 이야기》에서 가져왔습니다.

3부

연해주
그리고 요셉의 창고

인천공항에서 블라디보스토크까지는 비행기로 2시간이 안 걸린다. 제주도보다 조금 멀다. 깜박 졸다 보면 블라디보스토크 공항이라는 메시지가 나오고 주섬주섬 소지품을 챙겨야 한다. 가깝고도 먼 이국, 러시아의 동쪽 끝 블라디보스토크는 그렇게 한반도 바로 옆이다. 근대사의 한 페이지는 이곳 연해주의 쓰라리고 혹독한 이민사를 기록하고 있다. 지금이라 해도 빈궁한 삶은 크게 달라지지 않았다. 하지만 남서울은혜교회는 그곳을 '요셉의 창고'라 부르며 미래의 희망을 품은 통일 한국의 피난처로 내다본다. 고려인들과 신명나게 어우러지는 남서울은혜교회의 사역은 푸슈킨 극장에서, 블라디보스토크 국제학교에서, 비닐하우스에서, 미하일 로프카 교회에서 오늘도 역동하고 있다.

연해주를 감동시킨
문화의 향기

짝.짝.짝.짝.짝.짝. 군대식 박수가 터졌다

 2011년 9월 11일 저녁 7시, 블라디보스토크의 푸슈킨 극장. 공연이 시작되려면 아직 멀었는데도 객석은 이미 한껏 멋을 낸 러시아 사람들로 꽉 찼다. 화려한 색깔의 원피스와 반듯한 신사복 차림만 봐도 이 지역 상류사회 인사들임을 한눈에 알 수 있다. 낮은 웅성거림, 우아한 미소와 유쾌한 웃음소리는 그들이 이날 공연에 거는 기대와 설렘을 그대로 보여 준다. 이윽고 공연 시작을 알리고 성악인을 소개하는 러시아어 멘트가 이어지자, 관객들은 숨죽

한국 성악가들이 노래를 부를 때마다 450석의 푸슈킨 극장을 가득 채운 청중들은 열정적인 환호와 박수로 화답했다(2011년 9월 11일 공연 현장).

인 채 귀를 세운다.

소프라노 서운정, 테너 하만택, 베이스 임성욱이 차례로 무대에 등장하자, 우레와 같은 박수가 푸슈킨 극장을 흔들었다. 크고 씩씩한 박수 소리만 들으면 이곳이 러시아의 변방이 아닌, 파리나 비엔나의 오페라극장이란 생각이 들 정도다. 러시아 사람들이 음악을 얼마나 사랑하는지 알 만했다. 인터미션을 제외한 공연 시간은 1시간 40분. 3명의 한국 성악가가 솔로, 듀엣, 트리오로 노래를 부를 때마다 450석 푸슈킨 극장을 가득 채운 청중들은 열정적인 환호와 박수로 화답했다. 특히 성악가들의 열창에 풍채 좋은 러시아 여성들이 무대로 나와 꽃다발을 수줍게 건넸다.

"음악회 입장료가 보통 400루블 정도입니다. 우리 돈으로 환산하면 1만 6천원 정도인데, 이곳에서는 결코 적은 금액이 아니에요. 공연을 보러 오는 사람들은 그만큼 경제적으로 여유 있고 음악을 사랑하는 사람들인 거죠. 재밌는 것은 공연에 올 때 관객들이 자발적으로 꽃다발을 준비해 온다는 겁니다. 아는 사람이 공연하니까 예의상 건네는 꽃다발이 아니에요. '진심으로 당신의 음악에 감동했다'는 마음을 전하는 자발적인 표현이에요. 꽃 값은 공연 티켓 값보다 더 비싸요. 하지만 감동했기 때문에 기꺼이 꽃으로 자기 마음을 표현하는 겁니다. 이곳 분들은 꽃을 정말 사랑하거든요."

블라디보스토크에서 10년 동안 문화 사역자로 일한 이희선 선교사의 설명이다.

그날 공연에서 성악가들은 두 손이 모자랄 정도로 많은 꽃다발을 받았다. 객석의 열정적인 환호에 성악가들은 진심으로 감동한 기색이 역력하다. 공연이 끝나갈 즈음, 객석에서 터져 나오는 박수 소리가 확 달라졌다. 찬사를 보내는 박수가 어느 순간 스타카토를 넣은 것처럼 군대식 박수 소리로 바뀐 것이다. "짝,짝,짝,짝,짝,짝." 이희선 선교사는 러시아 청중들이 완전히 감동했을 때 구소련 시절 쳤던 군대식 박수를 보낸다고 귀띔해 주었다. 씩씩한 박수 소리에 커튼콜이 대여섯 번씩 이어졌다.

블라디보스토크 문화교류센터는 2003년부터 블라디보스토크의 명소 푸슈킨 극장 등에서 연주회, 미술 전시회, 전통문화 공연, 음악 교육 등 145회에 걸쳐 문화 행사를 가졌다. 지금은 한국 문화가 음악, 미술, 공연 등 다양한 영역에서 세계적인 수준이라는 것을 블라디보스토크 사람들이라면 누구나 알고 있다. 블라디보스토크에서 역동적인 10년의 문화 사역이 있었기에 가능한 일이었다.

내 생애 가장 행복했던 10년

2010년 가을, 전 국민을 울린 영화 〈울지마 톤즈〉에는 아프리카 수단에서 의료 선교 활동을 펼친 이태석 신부가 아이들을 모아 브라스밴드를 결성한 이야기가 나온다. 브라스밴드부 아이들은 서울에서 공수된 악기와 금빛 장식이 달린 빨간 유니폼을 입고 제법 멋진 연주를 해낸다. 작은북, 큰북, 트럼펫, 색소폰, 클라리넷 등을 연주하는 아이들은 대통령이 방문하는 지역으로 초청받을 정도로 인기가 높았다. 이태석 신부는 "장기간의 전쟁으로 건물뿐만 아니라 아이들 마음도 상처 받고 부서져 있었다. 음악을 통해 아이들 마음에 기쁨과 희망의 씨앗을 심을 수 있을 것 같아 악기를 가르치기 시작했다"고 말한다(《친구가 되어주실래요?》에서).

이태석 신부는 음악의 힘을 알고 있었다. 갈등과 분쟁 지역에서 음악은 평화와 희망의 씨앗이자 소통의 통로가 되어 사람들의 영혼을 어루만져 줄 것이라고 생각한 것이다. 악령 들린 사울은 다윗이 들려주는 수금 소리를 듣고 악령이 떠나갔다고 성경은 전한다. 이렇게 음악은 영혼과 영혼을 이어 주는 착한 도구다.

남서울은혜교회는 블라디보스토크에서 한국과 러시아가 소통할 수 있도록 10년째 문화의 다리가 되어 일하고 있다. 처음부터 계획적으로 시작한 일은 아니었다. 문화 사역의 스토리에도 우연 같은 필연으로 포장된 하나님의 인도하심이 있다.

'연해주 문화 사역'이라는 드라마의 첫 번째 주인공은 고위경, 이희선 선교사 부부다. 두 사람은 2011년 12월, 연해주 문화 사역 10년을 정리하고 귀국했다. 이들 선교사 부부는 그 10년을 인생에서 '가장 행복한 시간'이었다고 회고한다.

고위경 선교사는 남서울은혜교회 연해주 사역을 총괄하는 연해주위원회 초대 위원장을 지냈다. 남서울은혜교회 식구들과 연해주를 방문해 고려인 정착촌의 끔찍한 현실과 마주했을 때 그의 가슴에 묻어 두었던 선교의 꿈이 재점화되었다. 게다가 갑자기 찾아온 돌발성 난청으로 생긴 청력 이상은 그의 결심을 재촉했다. 은퇴 후에 선교지로 나갈 생각이었지만, 더 나이 들어 몸이 고장 난다면 어렵겠다는 생각이 들었다. 그는 신속하게 주변을 정리했다. 전 재산을 처분해 부채 많은 사업을 정리했더니 빈털터리였다. 그때 일을 이야기하면서 고위경 선교사는 "관리할 재산이 없다는 게 오히려 마음 편했다"며 웃었다.

평생을 오르간 연주자로 살아온 이희선 선교사는 남서울은혜교회 대예배 반주를 10년 동안 했다. 그녀는 남편 고위경 선교사와 함께 한국전문인선교훈련원(GPTI)에서 6개월 동안 선교 훈련을 마치고 2002년 남편과 함께 블라디보스토크에서 제2의 인생을 시작했다.

"연해주로 떠나기 전, 마지막 연주가 지금도 생생합니다. 부활절 찬양 예배의 모차르트 대관식 미사곡이었어요. 한국에서의 음악 생활을 접고 낯선 세계에서 선교사로 새 삶을 개척할 생각을 하니 눈물이 절로 나더군요. 사실 저는 평생 오르간만 쳤어요. 오르간 외에는 아무것도 할 줄 아는 게 없는데 블라디보스토크에서 무엇으로 하나님의 일을 감당할까 싶어 정말 막막했습니다."

1970년 대학 입학 이래 줄곧 오르간과 함께 살았던 그녀. 오르간을 내려놓는다는 허전감을 돌아볼 겨를도 없이 블라디보스토크로 향했다. 남편 고위경 선교사는 러시아로 가는 이삿짐에 아내의 외로움을 달래줄 생각에 집에서 쓰던 연습용 오르간을 함께 부쳤다. 그런데 이들 부부는 블라디보스토크에 도착하고 1년쯤 뒤에, 전혀 상상하지 못했던 문화 사역에 뛰어들게 된다. 2003년 4월, 성악가 최승원, 이동현, 우주호 씨의 갈라콘서트에 열광하는 러시아 사람들을 보면서 그들의 문화적인 욕구를 확인하고 문화 사역의 필요성을 깨달은 것이다.

포문은 전혀 예상치 못했던 곳에서 시작되었다. 2003년 9월, 이희선 선교사의 경력을 알게 된 푸슈킨 극장 기획 담당자 빅토르 바라노프가 오르간 연주회를 열자고 제안했다. 연해주에는 오르간이 가톨릭 성당에 딱 하나밖에 없어서, 일반 음악 애호가들이 좋아할 거라며 연해주 최초의 오르간 연주인만큼 2회 공연을 하자고 했다. 이 선교사는 난색을 표했다. 한국에서도 연주회 객석 채우기가 힘든데 어떻게 2회씩이나 공연을 소화할지 걱정스러웠다. 무엇보다 문제는 오르간이었다. 자신이 가진 오르간은 고작 연습용 오르간에 불과했다. 그러나 빅토르 바라노프는 그 오르간으로 충분하다며 전혀 문제 될 것 없다고 자신했다.

부흥회보다 값지고 뜨거운

공연은 대성공이었다. 주최 측도 연주자도 예상하지 못한 일이었다. 2회 공연은 연장을 거듭해 일주일 동안 6회 공연으로 이어졌다. 그때마다 450석 푸슈킨 극장은 전회 매진의 진기록을 세웠다. 공연이 끝날 때마다 이희선 선교사는 축하의 꽃다발과 선물 속에 파묻히고 감동받은 사연이 가득한 팬레터를 받기도 했다. 그 뒤 현지를 방문한 청강학원 정희경 이사장이 연주용 오르간을 기증한 덕분에, 깊이 있는 연주를 선사할 수 있었다. 귀국 전까지 이 선교사는 매년 오르간 연주회를 가졌을 정도로, 오르간에 대한 러시아 사람들의 애정은 남다르다.

성황리에 끝난 첫 연주회를 본 홍정길 목사는 고위경 선교사에게 문화 사역을 적극 권유했다. 문화 사역은 아직 미개척 분야이니 적극적으로 한다면 문화예술을 통해 복음의 세계화를 앞당길 수 있는 기회라고 격려했다. 이 일을 계기로 고위경 선교사는 NGO '블라디보스토크 문화교류센터'를 설립해, 문화 사역에 본격적으로 뛰어들었다.

"우리 민족에게 탤런트로 주신 문화와 예술성을 가지고 다양하고 깊이 있는 문화예술 교류를 전개하는 것이야말로 복음 안에서 세계를 하나로 묶는 일에 견인차 역할이 될 것입니다. 특별히 러시아 민족은 문화예술의 뿌리가 깊습니다. 이들에게 문화예술의

이희선 선교사는 연해주 문화사역을 연 첫 주자다. 매년 오르간 연주 공연을 열어 연해주에 오르간 붐을 일으킨 이 선교사의 공연포스터

나눔이라는 아름다운 선물을 가지고 다가가면 손쉽게 사랑의 다리가 놓이는 것을 확인할 수 있습니다. 문화 사역을 통해 장기적으로 복음 전파가 좀 더 효과적이고 지속적으로 이루어지리라 기대합니다."

고위경 선교사는 "뜻 있는 크리스천 음악인들이 자신이 받은 탤런트의 십일조를 바치는 심정으로 1년에 한 번 문화교류사역을 위해 해외 공연으로 헌신한다면 현지 사역에 엄청난 시너지 효과를 가져올 것"이라고 강조한다.

고위경 선교사는 블라디보스토크 문화교류센터를 통해 2003년부터 2011년까지 9년 동안 미술 전시, 연주회, 한국 전통문화 소개, 음악 교육, 음악 페스티벌, 세미나 개최 등 총 145회에 걸쳐 다양한 문화예술 사역을 진행했다. 그는 가장 기억에 남은 공연으로 국립합창단의 〈메시아〉 공연(2005년 1월)과 베이스 이연성 집사(남서울은혜교회 시온성가대 지휘자)의 독창회(2007년 1월)를 꼽았다. 〈메시아〉 공연 때 그는 복음을 전하기 위해 전 곡을 번역해 프로그램 간지에 끼웠다.

"주립 오케스트라의 반주로 〈메시아〉가 웅장하게 울려 퍼지고, 청중들은 3시간 동안 고개 한 번 까딱하지 않고 연주를 즐겼습니다. 정말 인상적이었지요. 러시아어로 번역한 가사를 중간 중간 읽으면서 눈물을 흘리며 무대를 바라보던 사람들 모습을 정말 잊을 수가 없습니다. 문화 사역의 보람과 하나님의 간섭하심을 절실히 느꼈습니다."

 2007년 1월 열린 이연성 독창회는 블라디보스토크 사람들뿐만 아니라 연해주 사역팀 모두를 감동시켰다. 독창회가 두고두고 생각나는 까닭은, 그때 이연성 집사가 무대에 오르는 일이 불가능했기 때문이다. 블라디보스토크에 도착하자마자 그는 극심한 복통을 호소했다. 구급차로 이송된 병원에서는 급성충수염이므로 즉시 수술해야 한다고 진단했다. 하지만 이연성 집사는 공연을 해야 한다며 수술을 한사코 거부했고, 문제가 생겨도 이의를 제기하지 않겠다는 각서를 쓰고 병원을 나왔다. 홍정길 목사를 비롯해 고위경 선교사, 사역팀 사람들이 뜬눈으로 지낸 그날 밤, 속절없이 내린 눈이 60센티미터가 넘게 쌓였다. 이연성 집사는 공연 전에 자신이 아프다는 이야기를 하지 말아 달라고 주최 측에 부탁하며 무대에 올랐다.

 마지막 곡까지 의연하게 다 부른 이연성 집사는 모스크바 유학 파답게 유창한 러시아어로 객석을 향해 인사를 전했다.

 "블라디보스토크에 도착하자마자 급성충수염으로 죽을 듯이 아팠습니다. 극심한 고통 가운데도 공연을 끝까지 마칠 수 있었던 것은 하나님이 이루신 기적입니다. 기적을 행하신 하나님께 감사와 찬양을 올립니다."

 그는 눈물을 삼키며 찬양 〈이 세상 어딜 가든지〉를 뜨겁게 불렀다. 기립한 청중들이 보낸 박수 소리에 장내가 뒤흔들렸다. 어떤 부흥회보다 값지고 뜨거운 무대였다.

145회의 공연과 전시가 이어지면서, 러시아인들 사이에 한국에 대한 호감도가 급상승했다. 러시아인들은 한국을 문화적 수준이 대단한 나라라고 생각했다. 블라디보스토크의 공연 기획자 빅토르 바라노프가 전해 준 이야기는 남서울은혜교회의 문화 사역 성과를 단적으로 보여 준다.

"어떤 예술 애호가가 블라디보스토크의 한 거리 이름을 '고위경의 거리'라고 부르자고 제안했어요. 특히 블라디보스토크 문화교류센터가 있는 세단가에는 차이콥스키, 고리키 같은 예술가들의 이름을 붙인 길이 많습니다. 고위경 기념 거리는 그의 헌신적이고 사심 없는 사역에 대한 우리 러시아 주민들의 감사를 담은 아름다운 표시입니다."

하나님의 뜻대로 살아가게 합니다

이희선 선교사는 2008년 블라디보스토크 음악 대학 교수로 임명받아 피아노를 가르치는 음악 선교사로 일했다. 환경은 열악했지만 아이들의 열정만큼은 비할 데 없이 뜨거웠다. 연습실에는 그녀가 서울에서 가져간 연습용 오르간 한 대가 고작이었다. 학생들에게 오르간 슈즈와 교재를 모두 마련해 줘야 하는 상황이었다.

그러나 오르간 배우는 데 열심인 학생들을 보면 마음이 뭉클해져서 더 열심히 가르쳐야겠다는 생각뿐이었다. 이 사역은 그녀에게 특별히 의미가 있었다.

그녀 역시 벽안의 선교사로부터 오르간을 배웠다. 1970년 이화여대에 오르간 교수로 온 미국 선교사 캐롤린 니클(Carolin Nickel)에게 오르간을 배운 한국의 첫 번째 학생이 바로 이희선이다. 그로부터 38년 후, 이희선 역시 선교사가 되어 블라디보스토크에서 처음으로 러시아 학생들에게 오르간을 가르치고 있다니, 너무나 절묘한 하나님의 섭리였다.

"그 옛날 캐롤린 니클 교수님을 보면서 그리스도의 사랑을 보았습니다. 나도 우리 학생들에게 그분처럼 그리스도의 사랑을 보여주고 그리스도의 향기를 풍기고 싶습니다. 40년 전 오르간 불모지였던 한국에 니클 교수님이 오르간 붐을 일으키고 교회음악을 보급했던 것처럼, 나도 이곳 연해주에 교회음악의 불길을 지피고 싶습니다."

그녀는 2011년 말 귀국하면서 연습용 오르간을 블라디보스토크 음악대학에 기증했다.

사람을 키우는 것은 곧 문화를 키우는 일이다. 이희선 선교사를 통해 연해주에 오르간 음악 애호가들이 늘어나면서 오르간을 배우는 학생들도 늘었다. 이 선교사는 오르간 실력이 탁월한 학생을 발굴해 한국에서 공부하는 일을 주선했다. 10년 사역의 결실은 결국 사람을 통해 맺어진다. 재능 있는 친구들을 발굴해 지원하는 것은 이번이 처음이 아니다.

남서울은혜교회 사람들은 '샤샤'라는 애칭을 가진 한 러시아 소녀를 기억한다. 샤샤의 원래 이름은 알렉산드라 리이다. 샤샤는 '러시아 한인 이주 140주년 기념 페스티벌(2003년)'에 참가했다가 놀라운 연주 실력으로 관중을 사로잡았다. 그 재능을 알아본 홍정길 목사는 10년 동안 샤샤를 후원하기로 결정했다.

그로부터 샤샤의 인생은 전격적으로 바뀌었다. 하바롭스크라는 변방에서 러시아의 수도 모스크바로 이사를 하고, 열 살이란 어린 나이로 차이코프스키 음악원에 최연소로 입학한다. 그리고 러시아 바이올린의 명장 다비도비치 교수를 스승으로 모시고 최고의 연주자가 되기 위한 맹훈련에 들어갔다. 샤샤는 탁월한 실력으로 계속 두각을 나타내며 사람들에게 큰 감동을 선사했다.

2004년 1월, 그녀는 모스크바 한디만시스크에서 열리는 전 러시아 신인 콩쿠르에서 그랑프리상을 수상했다. 심사위원장은 "러시아에서 200년 만에 한 명 나올까 말까 한 바이올린 연주자"라고 극찬했다. 그 뒤 그녀는 러시아, 프랑스, 이탈리아에서 개최된 각종 국제 콩쿠르에서 최고의 수상 성적을 내며 세계적인 연주자로 거듭났다. 알렉산드라 리는 자신을 후원해 준 남서울은혜교회와 홍정길 목사에게 감사의 뜻으로 매년 남서울은혜교회 세라믹팔레스홀에서 연주회를 가졌다.

"2005년 10월, 샤샤는 서울시립교향악단과 협연을 가졌어요. 놀랍게 발전한 실력에 다들 감동했습니다. 알렉산드라 리가 자라서 큰 설움과 고통 속에 살아온 고려인들에게 희망이 되면 좋겠습니다. 씨앗을 심고 물을 주듯, 알렉산드라 리를 믿음으로 후원할 때, 그는 성숙한 인격을 지닌 믿음의 걸물이자 하나님이 주신 재능을 유감없이 발휘하는 훌륭한 연주자로 자랄 것입니다"(홍정길 목사, 〈은혜나눔터〉 2005년 11월호).

다음은 이희선 선교사의 오르간 연주를 들은 어느 러시아 여성이 보낸 감동적인 글이다.

"오르간 음악을 자주 들으세요.
이 음악은 마음을 치료해 주고 마음의
마음을 마음껏 날게 하고
아름다움에 빠지게 합니다.
술을 끊게 만들고
자연을 사랑하게 하며
싸움을 없애고
이 땅에 평화를 가져다줍니다.
창조하며, 꿈을 꾸며, 사랑하며,
예배의 마음을 가지게 하고 하나님의 뜻대로 살아가게 합니다."

10년에 걸쳐 뿌려진 문화의 씨앗들이 이제는 꽃을 피우고 있다. 그 꽃은 한국에 대한 우호적인 인상의 꽃이요, 한국 문화의 세계적인 수준을 인식하는 꽃이요, 한국을 배우고 따르는 꽃이요, 이렇게 연해주까지 달려와 문화예술의 향기를 퍼트리는 그들 안에 있는 예수님에 대한 관심의 꽃으로 활짝 피어나고 있다.

남서울은혜교회의 연해주 사역은 문화 사역이 첫 단추가 아니었다. 연해주와 남서울은혜교회의 만남은 눈물과 기적으로 시작되었다.

고려인들의 삶을 살리는 농업 사역

연해주, 참혹하고 슬픈 역사의 현장

러시아 사람들에게는 숫자 4와 관련한 우스갯소리가 있다. 영하 40도, 보드카 40도수, 여자 허리 40인치, 400킬로미터 등과 같은 단어와 숫자들이 등장하는데, 가령 이런 말들이다. 영하 40도 안 되면 추운 것도 아니다. 알코올 도수 40도가 안 되면 술 축에도 못 낀다. 러시아 여자들의 허리는 꽤 굵은 편이라 여자 허리 40인치는 기본이다. 세계 지도의 절반에 육박할 정도로 넓은 땅을 자랑하는 러시아다 보니, 400킬로미터 거리는 가까운 곳이다. 우리나라로 치면

광주나 대구쯤은 서울 근교라고 생각하는 셈이다. 이런 농담들은 러시아의 날씨, 기호, 건강, 지리의 속성을 생생하게 담고 있다.

이 이야기는 블라디보스토크 국제학교 황돈연 교장에게서 전해 들은 이야기다. 2011년에 추석 방문단이 블라디보스토크 시내를 돌아볼 때 황 교장이 들려준 우스갯소리에 다함께 웃음을 터트렸다. 남서울은혜교회는 2004년부터 매년 추석 때마다 방문단을 모집해 연해주를 찾는다. 연례행사처럼 추석 방문단은 매해 사역 현장을 돌아보고 국제학교 교정에서 한가위 보름달을 마주한다.

4박 5일 동안 블라디보스토크에 머물다 보면, 더 이상 '연해주' 라는 3음절 단어가 낯설게 느껴지지 않는다. 그곳은 매년 수십 명의 남서울은혜교회 식구들이 찾을 정도로 가까운 곳이 되었다.

하지만 아직까지도 연해주는 많은 한국인들에게 낯선 땅이다. 민족의 아픔이 절절히 배어 있는 연해주. 그 땅은 어떤 곳인가?

러시아 고려인의 역사는 기록상 1863년 한인 13가구의 이주로 시작된다. 그로부터 6년 후 한반도 북쪽 지역의 대기근으로 이주민은 1만 명으로 급증하고, 1914년에는 블라디보스토크에 신한촌이 생길 정도로 교민수가 늘어 6만 3천 명 수준에 이른다. 1923년 당시 공식적으로 10만여 한인이 거주하는 것으로 나오는데, 실제로는 25만 명 이상일 것으로 추측한다.

1905년 을사늑약 이후, 연해주는 독립운동의 기지가 된다. 여기서 최재형, 이위종, 안중근 선생 등이 의병단을 편성했고, 이동휘,

이상설 선생 등은 광복국 정부를 조직했다. 1932년에는 한인학교가 380여 개를 헤아리고 신문이 7종이나 발행될 정도로 한인 사회 내에서 역동적인 계몽운동이 진행되었다. 그만큼 연해주는 조국에서 쫓겨난 이들이 여전히 조국의 독립과 경제적 자립을 위해 갖은 고생을 하며 치열하게 살았던 삶의 현장이다.

그러나 1937년 9월, 연해주의 고려인들은 비극의 칼날에 스러지고 만다. 스탈린의 강제이주정책으로 하루아침에 삶의 터전을 빼앗기고 처절한 수난 속으로 내몰린 것이다. 스탈린은 연해주에 살고 있던 18만 고려인에게 거기서 약 6,000킬로미터 떨어진 중앙아시아로 이주할 것을 명령한다. 고려인들 증언에 따르면, 이주 직전에 한인 지도자 약 2,500명이 처형됨으로써 핵심 리더들은 완전히 궤멸되었고 이주 도중 약 6,000명의 아이들이 굶거나 얼어 죽었다. 가축 열차에 짐승처럼 빼곡히 실려 중앙아시아로 가는 한 달 동안 사망자가 속출했고, 시체는 달리는 기차에서 밖으로 내던져지는 처참한 일상이 반복되었다.

그들이 도착한 땅은 오늘의 우즈베키스탄과 카자흐스탄이다. 러시아 사람들도 버린 그 땅에서 고려인들은 토굴에서 연명하며 동토의 황야를 맨손으로 일구었다. 도착한 이듬해 약 7,500명이 극한을 이기지 못하고 죽어 나갔다. 어떻게든 살아남아야 한다는 최후의 절박함만이 유일한 생의 에너지였다. 끈질긴 성실함을 밑천으로 고려인들은 끝내 살아남았고, 러시아 사람들도 포기한 그

소련 연방이 해체되면서 중앙아시아에서 연해주로 쫓겨 온 고려인들을 돕는 남서울은혜교회의 연해주 사역. 연해주 추석방문단이 집을 짓고 있는 현장을 방문해 함께 기도하고 있다.

땅을 우수 집단농장 지대로 바꾸었다. 수십 년의 참혹한 시간을 버텨 냈으므로 앞으로는 대대로 안정된 환경에서 살 수 있을 줄 알았다. 그러나 현실은 고려인들에게 다시 한 번 날카로운 칼끝을 겨누었다.

1992년 소련 연방이 해체되자 중앙아시아 민족들은 독립과 함께 자민족 보호 정책을 내세웠다. 고려인들을 철저히 차별하면서 그들의 조상이 살았던 연해주로 다시 돌아갈 것을 압박했다. 사력을 다해 일군 터전을 포기하고 고려인들은 맨몸으로 연해주에 돌아올 수밖에 없었다. 영하 40도의 살인적인 추위와 동토의 얼음바람을 맞으며 그들은 빈손으로 다시 연해주에서의 삶을 시작했다.

첫 만남, 기적으로 기록되다

남서울은혜교회와 연해주의 첫 만남이 성사된 것은 1999년이다. 그땐 이렇게 오랫동안 막역한 교분을 나눌 것이라고 아무도 생각하지 못했다. 연해주에서 사역하던 한 선교사는 기막히게 안타까운 연해주 사정을 남서울은혜교회에 호소했고, 남서울은혜교회는 한번 가 보자는 심정으로 연해주를 찾았다. 14년 전, 그렇게 연해주에 처음 발을 디딘 홍정길 목사와 장로들은 고려인들의 비참한 현실 앞에서 할 말을 잃었다. 헐벗고 굶주린 채 영하 40도를 웃도는 강추위에 내던져진 고려인들을 도저히 외면할 수 없었다. 홍정길 목사는 연해주 고려인과의 첫 만남을 이렇게 회고한다.

"고려인들은 군대 막사 같은 데서 살고 있었습니다. 말이 군대 막사이지, 쓸 수 있는 건 모조리 떼서 가져가고 뼈대만 남은 건물이었죠. 그걸 아파트라고 쓰고 있었습니다. 창문은 넝마로 얼기설기 만들어 놓은 게 전부였어요. 바다가 얼어서 그 위로 트럭이 달릴 정도라면 얼마나 추운지 짐작이 갑니까? 그런데 고작 백열등 하나를 담요 안에 넣고 온 식구가 거기에 발을 모으고 자는 것이 고려인들이 할 수 있는 난방의 전부였습니다. 그걸 보고는 얼마나 울었는지 모릅니다. 그러나 우는 것에서 끝나면 안 되겠다 싶었어요. 그들이 제대로 살아갈 수 있도록 뒷받침해야겠다고 생각했습니다."

동토의 얼음바람을 신문지와 헝겊 조각으로 막아 내는 건 어림없는 일이다. 홍 목사는 무조건 그들을 도와야 한다고 생각했다. 현지 사정을 교회 앞에서 보고하는 동안, 그의 목소리는 시종일관 떨렸다. 2005년부터 4년 동안 연해주위원회 위원으로 연해주 사역에 깊이 동참해 온 정용균 집사는 이렇게 술회한다.

"1999년 어느 주일예배 시간, 연해주에 다녀온 이야기를 하면서 홍 목사님은 눈시울을 적셨습니다. 우리 교회가 추워서 벌벌 떨고 있는 고려인들을 도왔으면 좋겠다고, 온 성도들이 동참하는 것이 우리를 향하신 주님의 말씀인 것 같다고 광고하시던 모습이 떠오릅니다. 그즈음 새벽기도회에 나가면 뒷좌석에 앉아 어깨를 들썩일 정도로 울며 기도하시는 홍 목사님을 볼 수 있었습니다."

연해주 첫 방문에서, 함께 간 장로들은 중창단을 만들어 우수리스크 시장에서 찬송으로 복음을 전했다. 어쩌면 연해주 문화 사역은 그 찬양에서 시작되었는지도 모른다. 온기 없는 세상에 나타나 앞으로 연해주에서 시작될 사랑을 예고하는 천사들의 노래였다고 나 할까. 실제로 그 찬양은 믿을 수 없는 기적을 일으켰다.

"저녁에 우수리스크 음악대학에서 장로 중창단이 찬양을 부르며 공연을 했어요. 그때였습니다. 그 자리에 있던 시각 장애를 가진 50대 여자 거지가 갑자기 눈을 뜬 겁니다. 찬양을 들으며 감동한 거지요. 그 여자가 앞을 보지 못한다는 것을 거기 사람들은 알고 있었기 때문에 모두 깜짝 놀랐습니다."

현장에서 그 모습을 똑똑히 목격한 임만호 원로장로는 그 광경이 아직도 생생하다. 연해주의 참혹한 현실을 보고 인정과 지성이 움직였다면, 이 기적을 통해 남서울은혜교회는 연해주를 돕고 연해주에서 일하라는 주님의 부르심을 확인했다. 이 기적은 또한 우수리스크 교회 개척 사역의 시발점이 되기도 했다.

일회성 도움 아닌 평생 먹고살 기술 전수

영하 40도를 웃도는 추위에 벌벌 떨고 사는 연해주 고려인들에게 필요한 것은 곡식과 이불, 난로 같은 최소한의 생필품이었다. 연해주로 보내질 겨울옷들이 모아졌고 특별 헌금도 작정했다. 당장 1999년 그해 겨울을 잘 이겨 내고 부디 희망을 가져 달라는 남서울은혜교회 식구들의 따뜻한 마음을 모은 것이다. 우선 급한 것들은 간신히 해결되었다. 그렇지만 매년 겨울옷을 보내고 헌금을 보내는 것은 미봉책에 불과했다.

새 천년이 시작되는 2000년, 홍정길 목사는 연해주 고려인들에게 제힘으로 먹고살 능력을 만들어 주는 데 지혜를 모으자고 제안했다. 농업 사역은 그렇게 시작되었다. 남서울은혜교회는 변변한 집 한 칸 없이 주린 배를 움켜쥔 채 절망하고 있는 고려인들이 땅을 일궈 소출을 내고 경제적으로 자립하는 길을 찾는 데 모든 힘을 쏟기로 했다.

"단순 지원이 아니라 자립을 위한 지원이라는 원칙 아래 영적으로 거듭난 고려인들이, 사회주의 경제에서 길러진 부패와 게으름에서 벗어나 노력한 만큼 수고의 열매를 맛보며 성장할 수 있는 모델을 세워 가겠다"(《동행》, 145쪽)는 것이 홍정길 목사의 취지였다.

고려인들은 이미 중앙아시아에서 우수 집단 농장을 일구었을 정도로, 농사에 대해서는 일가견이 있었다. 하지만 연해주는 기후도 토질도 중앙아시아와 완전히 달랐고, 농사를 지을 기반 시설조차 없어서 소출을 기대할 수 없었다. 그래서 기술 전수가 반드시 필요했다. 한국의 가나안농군학교에서 인력과 기술을 지원받아 고려인들에게 농업 기술을 가르쳤다. 비닐하우스를 통해 수확을 크게 높였고, 채소 재배뿐만 아니라 화훼까지 농업 분야를 확대해 갔다.

남서울은혜교회가 택한 것은 넓은 땅만 믿고 대규모로 하는 농사 기술이 아니라, 가정별로 비닐하우스 원예 기술을 보급하는 일이었다. 2001년 가을, 농업 사역팀은 필요한 자재를 모두 한국에서 공수해 미하일로프카 영농센터에 비닐하우스를 지었다. 기본적인 원예 기술을 배우기 위해 한국에 가서 비닐하우스 견학도 하고 교육 프로그램에도 참여하는 등 기본기 다지기에도 열심을 기울였다.

고소득 작물인 딸기로 소득 증대를 꾀하는 한편, 러시아 사람들이 즐겨 먹는 토마토와 오이를 같이 재배했다. 처음 하는 일이라 설렘과 걱정이 교차하던 차에 쓰라린 결과가 돌아왔다. 비가 많이 온 탓에 병해를 입어 오이를 죄다 버려야 했던 것이다. 진두지휘를 맡았던 김동학 선교사는 좌절한 나머지, 비닐하우스 안에서 혼자 펑펑 울었다고 털어놓았다. "첫해부터 이렇게 실패를 경험하면 누가 농사를 짓겠습니까?"라며 하나님께 울부짖었다.

다행히 토마토는 수고한 대가를 저버리지 않았다. 비닐하우스 재배라 다른 농부들보다 일찍 시장에 토마토를 내놓을 수 있었고, 상인들도 서로 사겠다고 줄을 섰다. 오이 때문에 낙담했던 선교사와 고려인 농부들은 토마토 덕분에 활짝 웃을 수 있었다. 비닐하

우스와 선진 재배 농법과 기술의 우수성을 직접 경험했기 때문에 영농 사업에 뛰어들 자신감이 충만해졌다.

2002년 첫해에는 한 슬라바와 로자 가정, 고 밀라와 한 길라, 박 발로자와 김동학 선교사 6명이 농업기술센터에서 비닐하우스 한두 동으로 시작했지만, 나중에는 13가정으로 늘어났다. 그들은 각자 자기 집에서 4동 이상의 비닐하우스를 짓고 각자 영농 자립의 길로 들어섰다. 지역 또한 순야센, 노보니콜스크, 우수리스크, 체르나야 등 여러 곳으로 확대되었다.

친구처럼 도와줘서 고맙습니다

"첫해에 함께 일하며 농업기술센터에서 같이 살았던 한 슬라바와 로자 가정이 자연스럽게 예수 그리스도를 알게 되었다. 평생 처음 하는 비닐하우스 일로 하루 종일 힘들었을 텐데, 밤에 아이 손을 붙잡고 함께 성경을 읽으며 눈물 흘리던 로자 아주머니의 모습은 또 다른 수확이었다. 새롭게 하나님을 알아 가고 은혜를 체험하는 분들이 옆에 있으니 더 이상 바랄 것이 무엇이랴? 2002년

고려인들은 남서울은혜교회가 지원하는 농업기술센터를 통해 비닐하우스 영농법을 비롯해 각종 채소와 화훼 재배법을 배웠다. 그들의 살림살이에도 환한 볕이 들기 시작했다.

11월 추수감사절 예배에서 로자 아주머니는 첫 세례교인 중 한 사람이 되었다. 내가 한 일이라고는 함께 살면서 같이 일한 것뿐인데, 어찌 된 일인지 예수 그리스도를 만나고 삶이 변하고 있었다. 함께 일하면서 함께 하나님을 섬기는 것, 이것이 바로 나에게 주신 농업 사역의 비전이라는 것을 확신했다"(《빛은 원동에서》 3호. 8쪽).

미하일로프카 농업기술센터의 김동학 선교사는 연해주 사역의 결실을 이렇게 고백했다.

농업 사역의 효율성에 대해 깊이 고민하던 남서울은혜교회는 법인 설립을 추진해 고려인의 자립을 보다 적극적으로 돕기로 했다. 그때까지 고려인들은 거의 모든 것을 교회로부터 무상으로 지원받았고, 이를 사회주의 체제 시절 국가로부터 지원받는 것과 같은 수준에서 이해했다. 절대적으로 인식의 전환이 필요했다. 보다 책임 있는 자세로 영농 사업을 하기 위해서는 지원금에 대한 상환을 기본으로 하여 더 많은 고려인들이 지속적으로 자립할 길을 찾아야 했다. 법인 설립 이후, 고려인 가정의 지원금은 놀랍게도 절반 가까이 상환되었다. 누구보다 고려인들 스스로 자신들의 실력에 놀랐다.

2006년 이렇게 고려인 자립의 토대가 닦였다. 고려인들은 서로 마음을 모아 일했다. 한국에서 공수하는 비닐하우스 제작에 필요한 자재 주문과 분배 및 관리, 상환된 금액을 다른 가정에 지원하는 일, 영농 정보의 공유와 기록, 기술 지원 등 모두 함께 상의하고 결정하고 실행했다.

고려인들은 눈앞의 허기를 채우는 것에서 끝나는 것이 아니라, 자기 힘으로 다시 일어서도록 옆에서 친구처럼 도와준 연해주 영농 사역팀에 대한 고마움을 잊지 못한다.

"그분들 도움으로 비닐하우스 4개를 만들었습니다. 이듬해에 또 3개를 만들었습니다. 비닐하우스에서 토마토, 오이, 리지스카(빨간순무), 상추, 묘종 등을 재배했습니다. 물론 처음부터 다 잘되지는 않았습니다. 우리는 농업 기술에 대한 지식이 부족했습니다. 하지만 실수도 하나의 경험이었습니다. … 2007년 말, 경운기와 트럭을 샀습니다. 예전에는 감히 생각도 하지 못했던 일입니다. 하지만 김동학 선교사님의 지혜와 능력으로 좋은 조직을 만들었습니다. 사람들이 제때에 지원금을 상환하는 것이 오히려 유익하다는 것을 알게 되었습니다. … 비닐하우스 지원은 사람들에게 단지 생계를 유지하게 하는 것뿐만 아니라, 더 나아가 스스로 자긍심을 갖게 해 주었습니다"《빛은 원동에서》10호, 7쪽).

2004년부터 비닐하우스에서 채소를 재배하는 미하일로프카 영농인 리 나제즈다 씨의 간증은 영농 사역이 고려인들 삶에 미친 선한 영향력을 여실히 보여 준다.

김루직 씨도 영농 사역의 도움을 받아 완전히 새로운 삶을 살게 된 주인공 가운데 한 명이다. 그에게는 이산의 아픔이 있었다. 중앙아시아에서 연해주로 이주할 때, 지독한 가난 때문에 맏아들을 그곳에 남겨두고 왔다. '곧 데려오리라'고 생각했지만, 그 생각이 현실이 되기까지는 10년이 걸렸다. 맏아들 이야기가 나오면 눈물만 쏟을 뿐이었다. 하지만 비닐하우스를 지어 3년 만에 자립에 성공한 뒤 그는 중앙아시아에 남겨 두었던 아들을 데려왔다. 온 가족이 함께 살게 된 지금 그는 세상에 부러울 게 없다.

미하일로프카 영농 사역은 아직도 현지에서 힘차게 진행 중이다. 채소에 이어 꽃을 재배해 시장에 내놓았고, 다른 러시아 농가보다 일찍 시장에 채소를 출하한다. 또한 모종을 전문으로 재배해 시장에 내놓는 영농 기술 전문가도 탄생했다. 비닐하우스를 짓는 가정이 점점 늘어날 뿐 아니라, 국도변에 나가 채소를 판매하는 등 새로운 판로를 개척해 융자 금액 상환에도 열심을 낸다. 이들은 한국에서 비닐하우스 자재를 들여와 함께 비닐하우스를 짓고 자재를 관리한다. 연말에는 영농센터에 전체 농가가 모여 대출금 상환, 농자재와 소액대출금 신청 문제를 다루고 지원 대상도 확정한다. 주택, 우물, 농업자재, 종자를 지원할 가정을 결정하고 지원한다. 2012년 7월 현재, 고려인 영농 가정은 50가정이 넘고, 대출 대기자만 해도 수십 가정에 이른다.

남서울은혜교회는 연해주 고려인들에게 오늘을 도와준 것이 아니라 미래를 지원했다. 교회가 고려인들에게 자녀 교육을 하고 자기 집을 짓도록 경제적 자립의 길을 찾아 주는 동안, 고려인들은 남서울은혜교회 사람들이 믿고 있는 하나님을 바라보았다. 영농 사역이 단순히 땅에 국한된 것이 아님을, 결국은 영혼을 기경하는 하나님의 일임을 고려인들과 남서울은혜교회 모두 연해주에서 확인한 것이다.

북녘 동포들에게 감자를 보내다

남서울은혜교회 식구들이 연해주 사역을 떠올릴 때 가장 기억에 남는 일은 감자다. 2000년, 연해주 사역을 시작하자마자 사역팀은 러시아 정부로부터 땅을 빌려 감자 농사를 시작했다. 감자는 좋은 식량일 뿐 아니라 실패할 확률이 낮은 농작물이기 때문에 연해주 고려인들을 돕는 데는 최적의 농산물이었다.

연해주의 감자 재배 기간은 우리와는 좀 다르다. 5월에 파종해서 9월에 수확한다. 사역팀은 봄에 씨감자를 사서 감자 농사를 지으라고 지원금을 대출해 주고, 수확기에는 고려인이 지은 감자를 전량 수매했다. 고려인들은 수매한 돈으로 대출금을 갚고 남은 수익을 가지고 비닐하우스 사업 등을 시작했다.

사역팀은 그렇게 감자 전량 수매로 고려인을 도왔다. 그리고 사들인 감자는 모두 북한으로 보냈다. 홍정길 목사가 회장으로 섬기는 남북나눔운동과 손을 잡고 함께 벌인 의미 있는 구제 사업이었다. 첫해인 2001년에는 감자 203톤이 연해주 우수리스크 역에서 북한 청진 역으로 보내졌다. 칸칸마다 감자를 가득 실은 화물 열차가 우수리스크 역을 빠져나갈 때 연해주 사역팀과 고려인들은 벅찬 감격에 눈시울이 뜨거워졌다. 감자 하나로 고려인과 북한 동포 모두 생계를 해결할 수 있다는 사실에 감사와 기쁨의 눈물이 흘렀던 것이다.

북으로 가는 감자 양은 금세 두세 배로 늘어났다. 2004년에는 1,672톤이나 되는 감자를 보냈으며, 이후 점차 감소해 2007년에는 1천 톤의 감자가 북한 동포들의 양식이 되었다. 감자 기차는 7년 동안 1년에 한 번 연해주 우수리스크 역에서 청진 역으로 달렸다. 연해주를 살리고 북한 동포들의 배고픔을 덜어 주는 생명의 감자 열차였다.

감자는 특성상 오래 보관하면 싹이 나서 먹을 수 없는 데다가 얼기도 잘해서 북한에서 분배를 늦출 수 없다. 따라서 특별한 일부 계층이 아닌 평범한 북한 동포들에게 직접적으로 배분될 수 있었다. 특히 외진 함경북도 청진 부근에 분배되어 춥고 배고픈 사람들에게 정말 요긴한 식량이 되었으니, 더 의미 있다 하겠다.

"일반 북한 동포들에게 감자가 제대로 분배되었다는 것을 간접적으로나마 확인할 수 있었습니다. 굉장히 재미있으면서 단순한 증거들이 있었거든요. 감자를 10-20킬로그램씩 망태기에 넣어서 보냈는데, 함경북도 청진 인근에 가면 집집마다 망태기를 재활용해서 쓰는 것을 목격할 수 있었습니다. 북한 주민들은 그 망태기도 버리지 못할 정도로 가난하거든요. 그걸 보고 감자가 북한 동포들에게 골고루 잘 전달되었다는 것을 확인했습니다."

정용균 집사는 당시의 일이 아직도 생생한 듯 흐뭇하게 웃었다.

연해주. 그 땅을 홍정길 목사는 '요셉의 창고'라 부른다. 형들의 모함으로 이집트로 팔려 간 요셉은 온갖 역경을 딛고 마침내 총리 자리에 오른다. 그리고 하나님이 꿈으로 알려 주신 계시를 따라 대기근에 대비한다. 7년 풍작에 이어질 7년 기근에서 살아남기 위해 철저하게 준비를 도모한다. 홍 목사는 연해주가 통일한국의 시대에 우리 민족에게 요셉의 창고 같은 역할을 할 것이라 믿는다. 그만큼 미래의 땅 연해주의 역할과 가능성을 그는 확신한다.

"북한 동포들을 향해 베푸는 사랑을 연해주에서도 계속하게 된 것은 참으로 놀라운 축복이 아닐 수 없습니다. 통일 시대를 준비하는 지렛대의 중요한 한 점으로 연해주가 소중하게 사용되고 있으며, 바로 그곳에 우리 남서울은혜교회가 헌신하고 있는 것입니다. 얼마나 감사한 일인지 모릅니다"(《은혜나눔터》 2005년 10월호).

기근에 시달리는 북한 동포들에게 감자를 보낸 연해주는 이미 요셉의 창고였다. 남서울은혜교회와 연해주의 만남은 거창한 계획 아래 이루어진 것이 아니다. 고려인들의 참혹한 현실을 차마 외면할 수 없어서 시작한 사역이었다. 하지만 하나님은 그곳을 요셉의 창고로 예정하시고, 돕는 손길로 남서울은혜교회를 택해 큰 그림을 그리고 계셨다.

진심으로 사랑하기 위해
시작한 학교 사역

산 넘어 산, 험난한 교육의 길

교육과 선교는 앞을 향해 내딛는 두 다리와 같다. 짝을 이루어 앞으로 나아가는 교육과 선교를 우리는 현장에서 자주 목격한다. 복음이 들어가는 곳에는 언제나 학교가 세워지고, 학교를 통해 복음을 담은 가르침과 삶이 전해진다. 우리의 근대식 학교 교육도 선교와 나란히 시작되었다. 미국인 선교사 아펜젤러는 1885년 한국 최초의 사립학교인 배재학당을 세웠다. 1886년 최초의 여학교인 이화학당은 스크랜턴 선교사에 의해 세워졌다. 기독교 정신 위에 세워진 학교는 복음을 품은 인재를 배출해, 그 사회에 빛과 소금의 역할을 감당하도록 돕는다. 남서울은혜교회가 러시아 연해주에 국제학교를 세운 것도 같은 맥락에서다.

연해주로 이주한 고려인들의 자녀는 공부할 곳이 어디에도 없었다. 중앙아시아에서는 학교를 다녔는데, 연해주로 와서는 시내에 있는 학교에 갈 교통수단도 없었고 공부할 돈도 없었다. 주일학교 과정은 꿈조차 꿀 수 없는 형편이었다. 러시아에서는 18세 미만 청소년들에게 복음을 전하는 것이 불법이다. 그냥 이대로 간다면 아이들의 천진한 눈동자와 달리, 그들의 미래는 암담할 것이 자명했다. 홍정길 목사와 연해주 사역위원회는 고려인들과 러시아인들의 어린 영혼부터 구원하는 방법을 찾기 위해 학교를 설립하기로 했다. 정규적인 교육뿐만 아니라 한글과 합법적으로 성경을 가르치는 것이 러시아를 진심으로 사랑하는 방법이라고 확신했다.

그렇지만 영농 사역이나 문화 사역과 달리, 학교 설립 과정에는 직선 도로가 없었다. 중간에 자꾸 러시아의 행정적인 문제들이 발목을 잡았고 시간이 걸렸다. 가장 강력한 전도 방법이기 때문이었는지 학교 설립 과정은 지난하고 복잡했다. 그만큼 연해주 사역자들은 현장에서, 남서울은혜교회 사람들은 서울에서 마음이 타들어 갔고, 더 간절한 기도의 불을 지필 수밖에 없었다. 설립 인가를 받고, 건축 허가 승인이 나기까지 한 번도 순탄한 적이 없었다. 세상이 쓰는 방식대로 일을 진행시키자는 의견도 있었으나 홍 목사는 명쾌하게 입장을 정리했다.

"주님이 그만두라면 그만두지요."

학교 설립의 밑그림을 그리는 일부터 정식으로 학교 문을 열어 학생들을 받기까지, 정말 오랜 기다림 속에서 남서울은혜교회 사람들은 배웠다. 인내 속에서 하나님의 때에 가장 맞게, 하나님의 방법대로 일하는 법을. 기도하면서 인내하는 동안, 하나님은 여전히 일하고 계신다는 것을. 토지를 구입하고, 건축 허가와 승인을 받고, 학생들을 모으는 그 모든 과정을 통해 그들은 수고와 기다림 속에 역사하시는 하나님을 만났다.

꼬투리를 잡으며 늦어지는 허가

블라디보스토크 국제학교(VIS, Vladivostok International School)는 2005년 9월 17일 개교했다. 학교는 블라디보스토크 근교 세단가에 있으며, 약 1만 평방미터(3만 평) 규모의 대지 위에 14개 동이 서 있다. 유치원 과정부터 초등 1-4학년 과정이 개설되어 있으며, 2011년 11월 14일 중등관(5-11학년) 건축 허가가 나와 건축에 들어갔다. 처음에 개교했을 때는 12명이 입학했는데, 학생 수는 곧 50명을 훌쩍 넘기더니, 지금은 대기해야 할 정도로 블라디보스토크 내에서 '가장 다니고 싶은 학교'로 소문이 났다. 2011년 현재, 90여 명이 공부하고 있으며, 교사 30명을 포함해 전체 직원은 50명 정도다. 국제학교 학생들은 SOT(School of Tomorrow) 교재로 공부한다. 이 교육 프로그램은 모든 내용이 성경 중심으로 되어 있어서, 학생들은 아주 자연스럽게 성경을 공부하게 된다.

지금처럼 안정되기까지는 꽤 긴 시간이 걸렸을 뿐 아니라, 현지에서 일을 추진하던 선교사들과 연해주 사역팀들이 마음고생을 많이 했다. 한 걸음, 한 걸음을 하나님께 의지할 수밖에 없었고, 하나님의 인도하심을 인내하며 기다릴 수밖에 없었다.

블라디보스토크 국제학교 개교에는 러시아 교육 기관의 정식 허가가 필요했다. 블라디보스토크 국제대학이라는 법인이 설립되었지만, 학교 운영을 위해서는 건물, 교사, 그밖에 교육 시설이 마련된 후에야 허가를 얻을 수 있다. 행정 당국으로부터 '허가'를 받는다는 건 국내에서도 결코 쉽지 않은 일이다. 하물며 외국에서 외국 사람이 그 과정을 밟는다는 것은 두말할 필요도 없다. 온당하든 그렇지 않든 사사건건 시비요, 꼬투리고, 태클이다. 급기야 허가권자는 기부 형식으로 비자금을 납부하면 허가를 내주겠다고 사람을 보냈다. 이 일을 위해 수년 째 수고한 이들 중에는 이런 일이 러시아에서는 비일비재하고 그래야 일이 성사되므로 관행에 따르자는 의견도 있었다. 하지만 홍 목사는 "주님이 해결해 주시지 않으면 그만두겠다"는 입장을 밝혔고, 사역 관계자들은 기도에 더욱 매진할 수밖에 없었다.

그로부터 얼마 후 블라디보스토크 교육감 메주노프가 서울을 방문한다는 소식이 들려왔다. 2005년 1월, 남서울은혜교회 연해주 사역팀은 서울을 찾은 교육감 가족을 한국 가정으로 초청해 만찬을 여는 등 정성을 다해 융숭하게 대접했다. 환영 자리에서 자연스럽게 블라디보스토크 국제학교 이야기가 나왔고, 교육감은 적극적으로 돕겠다는 의사를 표명했다. 막혔던 일들이 이렇게 풀리는가 싶은 생각에 서울의 연해주 사역팀은 환호성을 질렀다. 하지만 교육감은 연해주로 돌아가 6개월이 지나도록 아무 기별도 주지 않았다.

그뿐이 아니다. 한국과는 완전히 다른 건축 환경 또한 발목을 잡았다. 한국에서야 급하면 철야 작업을 해서라도 일정 기간 안에 일을 끝내는 것이 당연한 것처럼 되어 있는 반면, 러시아 노동자들은 그야말로 자기들 마음대로였다. 사역팀에게는 무한한 인내가 요구되었다. 결국 학교 건축은 계획보다 2개월 반이나 지연되었다.

우여곡절 끝에 건축이 끝나자 이번에는 통과해야 하는 수많은 검사들이 앞을 가로막았다. 새로 지은 국제학교의 면면은 러시아에서 최첨단 시설이었기 때문에 관계 부서들은 선선히 허가를 내주었다. 그런데 마지막 위생국 검사에서 단단히 브레이크가 걸렸다. 사소한 문제 몇 가지를 지적받은 후 시정하고, 다시 다른 문제를 지적당하고 시정하는 일이 반복되었다. 위생국이 마지막으로 지적한 문제는 화장실 정화조 설비였다. 블라디보스토크에는 정화 설비도 없고, 시공 회사도 없다. 그런 상황이니 블라디보스토크 시내 어떤 건물도 그 문제에서 자유롭지 못했다. 그럼에도 불구하고 위생국은 현실과는 상관없이 외국인이라는 이유로 법에 명시된 그대로 완벽함을 요구했다. 세 차례나 불합격 판정을 내린 후 위생국 검사관은 9월 말에 와서 재검을 하겠다고 통보했다.

블라디보스토크 국제학교는 크게 당황했다. 2005년 8월 31일이면 신청서 유효기간이 만료되어 7년 동안 고생하며 진행시켜온 일들이 수포로 돌아가기 때문이었다. 개교를 앞두고 블라디보스토크나 서울이나 하루하루 가슴이 타들어가도록 '허가'가 떨어지기만을 학수고대했다. 게다가 서울에서는 개교에 맞춰 추석 방문단을 모집하고 있었다. 7년의 수고가 물거품이 되는가 싶어 연해주 선교사들이나 남서울은혜교회 사역팀 모두 허탈함과 절망에 빠졌다.

사람이 아무리 최선을 다해 수고한다고 해서 그것이 반드시 하나님의 계획과 일치한다고는 보장할 수 없다. 남서울은혜교회 사람들은 그 사실을 잘 알고 있었다. 그래서 연해주 교육 사역에 쏟은 만인의 수고와 기도를 가장 잘 아는 홍정길 목사 또한 "주님이 해결해 주시지 않으면 그만두겠다"고 말했던 것이다. 주님의 계획이 아니라는 것을 알았다면 포기하는 순종도 믿음이다. 개교가 수포로 돌아가는 것이 기정사실화된 8월 말, 남서울은혜교회 사람들은 낙망한 마음을 추스르기 시작했다. 마지막 검사를 통과하지 못했기 때문에 개교 불가는 당연한 일이었다.

하지만 그렇게 허탈한 결말은 하나님의 시나리오에 없었다. 9월 말 재심을 통보했던 위생국은 그로부터 3일 후 뜻밖에 낭보를 전해 왔다. 1년 안에 정화 설비 완료를 약속하면 검사를 통과시켜 주겠다는 것이었다. 블라디보스토크와 서울에서는 기쁨의 함성이 터져 나왔다. 긴 수고와 오랜 기다림 끝에 드디어 해피 엔딩이 눈에 보였다. 8월 31일, 블라디보스토크 교육청 관계자들은 직접 찾아와 허가서 공문을 내주었다. 아주 이례적인 일이었다. 허가 공문을 찾아가라는 통보도 아니고, 주무부서 관리가 직접 찾아와 서류를 전달하는 일은 어디에서도 찾아볼 수 없는 일이었다.

과연 학교 문을 열 수 있을까

개교가 확정된 것은 8월 31일, 개교일은 9월 17일. 거의 보름 만에 학생들을 모집해야 했다. 짧은 기간 안에 과연 학생들을 모을 수 있을까? 촉박한 시일 때문에 다시 마음을 졸여야 했다. 그 와중에도 개교를 준비하는 선생님들의 각오는 남달랐다. 1명이라도 등록하면 학교를 시작하기로 마음을 다잡았다. 한 학년은 15명씩 두 반으로 구성되었다. 한 반은 11학년제의 러시아 학제를, 다

고무나무 이파리 잎꽂이 모판. 이파리는 사람의 사랑과 관심을 받아 나무로 자라간다. 연해주가 한국의 사랑과 관심을 받아 일어선 것처럼(블라디보스토크 국제학교 온실).

른 한 반은 12학년제의 미국 학제를 따른다.

곧 건축 허가처럼 또 한 번의 기적이 그들 앞에 나타났다. 불과 며칠 사이에 15명이 등록하고, 개교 후에도 등록을 원하는 아이들이 속속 나타난 것이다.

개교식은 잔치와 같았다. 블라디보스토크 교육 관계자들과 인사들이 이 특별한 학교의 개교를 기대에 찬 마음으로 축복해 주었고, 서울 남서울은혜교회 식구들이 달려와 축복의 자리에 함께했다. 축하 공연과 선물로 학생들은 신이 났고, 학부모들의 기대는 더욱 풍성해졌다. 정용균 집사는 이렇게 고백한다.

"학교 개교기념식을 갖게 된 2005년 9월 17일은 영원히 잊지 못할 날이 되었습니다. 살아 계신 하나님은 지금도 일하고 계신다는 증표로 모두의 마음에 각인된 날이었습니다."

개교 후 블라디보스토크에서 국제학교에 대한 호감은 크게 상승했다. 학부모들의 큰 관심 속에 학생 수가 늘기 시작했다. 하지만 순탄할 것만 같은 학교에 예상치 못한 돌발 상황이 발생했다. 2007년 블라디보스토크 학교의 토지를 매입해야 하는 상황이 벌어진 것이다. 원래는 러시아 법에 따라 50년 임대 후 재계약하는 게 수순인데, 푸틴 대통령이 갑자기 건물이 속한 토지를 건물주에게 매각한다는 방침을 발표한 것이다. 국제학교 역시 어쩔 도리 없이 학교 토지를 구입해야 했다. 비슷한 사례를 찾아 예상가를 따져 봤더니 국제학교 부지 약 3만 7,000평방미터(1만 1,000평) 정도면 매매가가 최소 60만 달러에서 최대 100만 달러가 될 수도 있었다. 한마디로 부지 가격은 러시아 정부가 정하기 나름이었다. 일단 서류를 접수하기로 했으나 그 또한 수월치 않아 마감일에 맞춰 가까스로 접수가 되었다.

연해주 시와 부지 가격 협의는 필수적인 과정이었다. 협의는 쉽지 않았다. 오라고 해서 가 보면 준비가 아직 덜 되었다며 다시 오라고 하기 일쑤였다. 시 쪽에서는 바라는 게 따로 있었다. 적정한 가격으로 협의해 주는 대가를 요구했던 것이다. 이럴 때 문제를 손쉽게 해결하는 방법은 따로 있었다. 저쪽에서도 그걸 바라고 있었다. 하지만 선교지에서 뇌물을 쓸 수는 없었다. 남서울은혜교회는 정상적인 협상을 통한 합리적인 가격을 원했다. 저쪽이 원하는 뇌물로 문제를 해결하면 간단하겠지만, 크리스천으로서 취할 방법은 아니었다.

문제가 해결되지 않고 답보 상태에 있던 어느 날, 다시 한 번 기적 같은 일이 벌어졌다. 연해주 시장이 토지 매각 협상에서 과도한 뇌물을 받은 혐의가 포착되어 구속된 것이다. 부당한 협상 상대는 그렇게 테이블에서 퇴출되었다.

2007년 5월, 드디어 불하받은 토지 대금을 통보받았다. 7만 8,000달러. 최소한으로 예상했던 금액의 10분의 1에도 못 미치는 가격이었다. 남서울은혜교회 사람들은 모두 환호했다. 보고도 믿기지 않아 혹시라도 번복될까 봐 서둘러 대금을 납부했다. 뇌물을 요구하던 시장이 구속되지 않았다면 어떻게 되었을까? 설령 뇌물을 주지 않고 계약이 성사되었더라도, 관료들이 사사건건 트집을 잡으며 뇌물 관행을 거스른 대가를 치러야 하지 않았을까?

홍정길 목사는 블라디보스토크 국제학교 부지 매입 과정을 이렇게 술회했다.

"절묘한 시점에 이 모든 일들이 껄끄러운 일들을 겪지 않고 잘 진행되었습니다. 결코 늦지 않게, 하나님의 때에, 가장 최선의 것을 우리에게 허락하셨습니다. 연해주의 모든 사역, 뒤돌아보면 하나님의 시간에 하나님의 방법으로, 그 섬세한 인도하심을 따라 여기까지 온 것입니다"〈《은혜나눔터》 2007년 6월호〉.

블라디보스토크 국제학교가 자리를 잡기까지는 크고 작은 난관들이 있었지만, 그때마다 간절함으로 하늘을 우러러보며 간구했을 때 남서울은혜교회 사람들은 은혜를 체험했다. 연해주에 교육의 씨앗을 뿌려 러시아의 바른 리더십을 양성하겠다는 원대한 계획을 세웠지만, 하나님은 그 일에 함께하는 이들에게 먼저 은혜를 베푸셔서 가장 좋은 때에 가장 좋은 것을 허락하셨다.

입소문 듣고 찾아오는 좋은 학교

이렇게 학교 문을 열기까지는 어려운 고비가 이어졌지만, 다행히 학교 문을 연 뒤 시설과 학습 내용에 대해서는 긍정적인 호평이 이어졌다.

"새롭게 지어진 학교, 카페테리아와 주방과 화장실의 청결함, 넓은 유치원 교정, 양호한 주변 환경, 커리큘럼의 풍부함에 감동해 바로 학교가 마음에 들었습니다. 교장, 교감 선생님은 한국인입니다. 그밖에 스태프나 선생님들은 전원 러시아인입니다. 모두가 예의바릅니다. '여기가 러시아라고?' 깜짝 놀랐습니다. 좋은 의미로 쇼크였습니다. … 블라디보스토크에서 가족과 같이 생활하려면 자녀의 유치원이나 학교가 최대 난관입니다. 그런데 블라디보스토크 국제학교를 통해 이 문제를 해결할 수 있으니, 어떤 힘든 생활도 잘 이겨 낼 수 있을 것 같습니다."

블라디보스토크 학교에 아이를 보낸 어느 일본인 학부모의 소감이다.

처음에는 TV나 신문 광고를 내면서 학교를 홍보했지만 이젠 그럴 필요가 없다. 입소문이 나서 다들 알아서 찾아온다. 심지어 이제는 바로 입학하지 못하고 대기 상태로 기다려야 한다. 학교 시설은 단연 블라디보스토크 시내에서 최고다. 학교에는 소아과 의사가 상주하는 의무실이 있고, 컴퓨터 교실은 뉴욕장로교회 유인애 권사가 컴퓨터 15대를 기증해서 최신식으로 만들어졌다. 학생들은 잔디구장에서 뛰놀고 태권도를 배운다. 영어, 러시아어, 한국어가 자연스럽게 통용된다. 계절마다 특별한 프로그램과 캠프를 열어 학생들은 다양한 체험을 하며 즐거운 학교생활의 추억을 만든다.

가장 신기하고도 놀라운 것은 블라디보스토크 국제학교 학생들이 성경을 중심으로 만들어진 교재로 공부하며 자연스럽게 성경이 가르치는 세계관을 배운다는 사실이다. 연해주의 교육 책임자가 모스크바의 우수한 학교에서 쓰고 있는 좋은 교재라고 추천한 교재로, 성경 이야기를 중심으로 만들어진 영어 교재(SOT, School of Tomorrow)다. 18세 미만 아이들에게는 동의 없이 성경을 가르칠 수 없는 러시아에서 당당히 학교에서 성경 중심의 교재로 학생들이 공부하게 된 것은 기적 같은 일이다.

현재, 국제학교는 유치부부터 초등부 4학년까지만 가르치고 있다. 다행히 5-11학년 과정을 가르치기 위해 심혈을 기울이던 중등관 건축 허가를 2011년 11월에 받았다. 기도하던 큰 문제가 또 하나 해결된 셈이다. 이제는 좀 더 학생 수가 늘어나 재정 자립의 벽을 넘어야 하는 숙제가 남아 있다. 아직은 시작에 불과하다. 중등, 고등 과정과 대학으로 이어지는 학교 사역이 완성되어 고려인뿐만 아니라 러시아 아이들을 기독교적인 바른 가치관을 가진 리더로 양성한다는 희망은 지금도 현재 진행형이다.

연합 사역과
돕는 손길

2000년, 남서울은혜교회는 연해주와 만나면서 연해주를 위한 특별위원회를 구성했다. 연해주 고려인들과 연해주 복음화를 위해 국내에서 체계적으로 선교사들을 후원할 필요성이 제기되었기 때문이다. 하지만 이 엄청난 일을 남서울은혜교회 혼자 짊어질 것이 아니라 더 많은 교회가 참여하는 연합 사역으로 발전시키는 것이 더 유익하다는 판단 아래, 2002년 남서울은혜교회를 중심으로 사단법인 원동문화개발기구를 발족시켰다. 원동문화개발기구에는 남서울은혜교회를 비롯해 강일교회, 영화교회, 일산은혜교회, 강북제일교회, 전주열린문교회 등이 참여했다.

원동문화개발기구가 주도적으로 연해주 사역을 지원하면서 한때 남서울은혜교회의 역할은 최소화되었다. 그러다가 2007년 다시 한 번 방향을 전환했다. 원동문화개발기구의 활동을 교회 차원에서 적극적으로 지원할 필요성이 제기되었고, 남서울은혜교회에는 다시 연해주위원회가 구성되어 연해주 사역을 보다 효과적으로 추진하게 되었다.

삶을 나누는 미하일로프카 은혜교회 이야기

남서울은혜교회는 매년 추석이 되면 연해주 방문단을 꾸리고, 설 연휴 등을 이용해 1-2회 의료봉사팀을 파견한다. 일주일 남짓한 기간 동안, 연해주 방문단은 문화 사역, 농업 사역, 교육 사역의 현장을 돌아보고, 의료봉사팀은 블라디보스토크에서 버스를 타고 이동해 이바노프카 같은 시골에 가서 의료 봉사를 펼친다. 의료봉사팀은 짧은 시간 동안 수백 명의 환자를 진료하고 돌아온다.

두 팀은 모두 미하일로프카 은혜교회를 들르는데, 이 교회는 남서울은혜교회가 연해주와 처음 만나는 계기가 되었던 우수리스크의 미르 교회에서 분립 개척된 교회다. 미르 교회는 조선족을 위한 교회를 개척해 우수리스크 사랑의빛교회를 세웠으며, 그 뒤 차례로 7-8개의 교회를 더 개척했다.

미하일로프카 은혜교회. 남서울은혜교회가 연해주와 처음 만나는 계기가 되었던 우수리스크의 미르 교회가 조선족을 위해 분립 개척한 교회 중 하나이다.

2011년 12월 11일, 미하일로프카 은혜교회는 창립 10주년 기념 예배를 드렸다. 미하일로프카는 인구 3만 5,000여 명 정도 되는 전형적인 농촌 지역이다. 이곳 영농센터를 통해 고려인들은 경제적 자립의 길을 찾는 데 힘을 얻고, 기술을 배우고, 협동한다. 즉 농업 사역에 함께하는 고려인들이 미하일로프카 은혜교회에 모였고, 비닐하우스 농법에 참여하는 이들이 하나둘 늘어나면서 교회를 찾는 이들도 자연스럽게 늘어났다. 복음은 그렇게 고려인들의 삶의 터전으로 흘러갔다. 생활과 신앙이 함께 가는 복음 전도는 미하일로프카뿐만 아니라 우수리스크나 그밖에 다른 지역의 정착촌에서도 이어졌다.

좋은 소문을 들은 조선족과 러시아 사람들도 교회에 관심을 갖고 찾아오기 시작했다. 연해주에서 사람들 사이로 복음이 흘러들어 가면서 현지 교회에서 복음을 알고 전하는 믿음의 청년들도 배출되었다. 그들은 한국으로 날아와 신학교 교육 과정을 마치고 연해주 본 교회에 전도사로 파송되어, 한국말과 글에 익숙하지 않은 고려인들에게 러시아 말로 복음을 전한다. 연해주 지역에 복음으로 거듭난 사람들의 자립 공동체가 이루어지기를 바라던 남서울은혜교회 식구들의 꿈들은 이렇게 현실로 다가왔다.

미하일로프카 은혜교회는 비교적 한적해 보이는 시내에 있다. 소비에트 연방 시절 백화점이던 건물을 7년 전 헐값으로 매입해 리뉴얼을 거쳐 2층을 예배 처소로 사용한다. 주일이면 50명 남짓한 고려인들, 조선족, 러시아 사람들이 모여 함께 예배를 드린다. 70퍼센트는 고려인이고 30퍼센트는 러시아 사람이다. 지역별로 나뉘어 구역 예배를 드리고, 아픈 환자가 있으면 기도와 심방을 하고, 장애인 가정의 텃밭 농사를 함께 돕기도 한다. 수요 모임에서는 성경을 함께 공부하고 교회 안에 전도와 양육 프로그램으로 믿음을 키우기 위해 애쓰고 있다.

2010년 9월에는 귀한 조력자도 찾아왔다. 남서울은혜교회 BMR(평신도후반기사역) 훈련 1기 졸업생인 윤종호 장로와 김정희 권사 부부가 자비량 선교사로 우수리스크에 파송받은 것이다. 미하일로프카 은혜교회에서 차로 30분 거리에 있기 때문에, 두 선교사는 송병주 목사를 도와 주일예배 안내, 심방, 성경공부를 지원하고 있다.

7년째 미하일로프카 은혜교회를 섬기는 송병주, 김현숙 선교사 부부는 2011년 가을부터 영농 사역까지 전담하면서 일이 좀 더 늘어났다. 교회 사역과 영농 사역을 같이 하다 보니 농사짓는 성도들이 도움을 청하면 무조건 달려가야 한다. 차로 3시간 거리쯤은 대수롭지도 않은 일이다. 송병주 목사는 영농 사역과 병행하면서 성도들의 삶과 더욱 밀착하게 되었다.

안타까운 것은 연해주 농촌에 거주하는 사람들이 점점 줄어들고 있다는 현실이다. 우리가 겪은 근대화의 전철과 비슷하다. 도시로 사람들이 몰리면서 농촌의 공동화 현상은 심각해지고 있다.

영농사역에 힘입어 비닐하우스 작물을 풍성하게 수확하고, 자기 집을 짓는 성도들은 하나둘 늘고 있지만, 도시로 일을 찾으러 나가는 사람들이 떠난 농촌에서 앞으로 어떻게 사역을 지속할 것인지 고민해야 하는 시점에 이른 것이다.

2011년 12월, 미하일로프카 은혜교회는 창립 10주년을 맞으면서 현지 사역자 체제로의 변화를 준비하기 시작했다.

가까운 북한, 지척의 북한 사람들

블라디보스토크 국제학교 초대 교장을 지낸 조상국 선교사는 연해주와 북한이 심정적으로 얼마나 가까운지 이렇게 표현했다.

"연해주는 다른 코리안들의 집결지이기도 하다. 거리와 대학 곳곳에서 북한 사람들을 볼 수 있다. 마음 문을 잘 열지 않지만 노력하면 북한 동포들을 대면할 수 있다. 그래서 북한을 위해 기도할 때 이곳에서는 북한 동포들의 모습을 떠올리면서 생생하게 기도하는 것이 가능하다. 조용히 그들을 사랑함으로써 그들을 알아 가며 통일의 그날을 대비할 수 있는 통일 선교의 장이 바로 이곳이다."(〈빛은 원동에서〉, 2006년 6월호).

조상국 선교사의 말대로 연해주, 특히 우수리스크는 북한과 가깝다. 평양에서 출발한 기차는 두만강을 건너 러시아 하산 역을 거쳐 우수리스크 역에 도착한다. 평양에서 두만강까지는 기차로 3-4일 걸린다. 전기가 충분하지 못해 일주일에 두 번 오가는 기차는 우수리스크 역에 북한 노동자들을 내려놓는다. 쉬지 않고 며칠을 달려온 기차에서 내린 북한 노동자들은 제대로 먹지 못해 행색이 꾀죄죄하다. 그런 그들을 안타깝게 바라보는 눈길이 있으니, 우수리스크에서 고려인들을 대상으로 밥퍼 사역을 해 온 김기남 선교사다.

그는 5명의 고려인 아줌마들과 함께 일주일에 한 번 우수리스크 역에 나온다. 북한 노동자들이 기차에서 내리는 날, 추위와 배고픔에 떠는 그들에게 남몰래 밥 덩어리를 안긴다. 고려인 아줌마 다섯 명은 감시의 눈을 피해 북한 노동자들에게 주고받기 쉽게 만든 주먹밥을 건네준다. 허기진 그들은 받아들 수밖에 없다. 등에 달라붙은 뱃가죽은 그 밥을 뿌리칠 정도로 체면을 의식하지 않기 때문이다. 이렇게 역전에서 밥을 나누는 사역을 김기남 선교사는 '민들레 사역'이라 부른다.

연해주는 북한과 매우 가깝다. 블라디보스토크 시내 공사 현장이라면 어디서든 북한 노동자를 쉽게 만날 수 있다. 블라디보스토크 국제학교도 학교 건물을 짓는 3년 여 기간 동안 북한 노동자를 고용했다. 그들과 함께 일하며 공사 감독을 맡았던 홍정웅 선교사의 이야기를 들어 보자.

"지금은 북한과의 관계 때문에 북한 노동자과 함께 일하지는 못

연해주의 중심인 블라디보스토크 시내에는 건설 현장이 부쩍 늘었다. 그곳에서 북한 노동자들을 쉽게 만날 수 있다. 남서울은혜교회가 통일 시대를 대비해 사역의 반경을 넓혀 가는 이유 중의 하나다.

합니다. 학교 지을 때 처음에 북한 노동자를 30-50명 정도 고용했습니다. 아마 300명은 거쳐 갔을 겁니다. 일을 시키는 입장에서는 말이 통하니까 북한 노동자들과 일하는 게 참 수월합니다. 그런데 실제로 북한 사람들과 일하는 것은 참 쉽지 않은 일이에요. 하지만 우리가 도와줘야 하는 입장 아닙니까? 일하는 내내 우리는 가타부타 우리 쪽 이야기를 할 필요가 없습니다. 그냥 밤에 한국 드라마 보여 주는 게 전부입니다. 그거 하나만 해도 북쪽 사람들은 사정 돌아가는 거 뻔히 압니다. 성탄 때는 시계를 선물로 주고, 밤에는 킹크랩 가지고 파티하고, 함께 〈우리의 소원은 통일〉 노래도 부르고 그랬죠. 같은 민족이라서 정이 참 쉽게 들었습니다. 그들도 우리와 일하는 걸 좋아했어요. 러시아 땅에서 우리만큼 북한 노동자를 각별하게 챙겨 주는 이들은 없으니까요."

북한으로 감자 식량을 보내고, 북한에서 온 노동자들에게 밥을 주고 좋은 일자리를 제공하면서 남서울은혜교회는 연해주가 '요셉의 창고'임을 다시금 확신한다. 연해주 사역을 오랫동안 지켜보며 지원했던 정용섭 집사는 10년을 넘긴 그동안의 시간을 이렇게 평가한다.

"연해주 사역은 지금까지 일반 성도들이 막연히 갖고 있는 '신학을 공부한 선교사님이 하는 일'이라는 선교의 개념에서 벗어나 시대적으로 앞서간 형태의 '종합 선교' 모델을 보여 주었다는 점에서 한국 선교 역사에 길이 남을 것이다"〈〈동행〉, 152쪽〉.

연해주는 매우 맑음

2011년, 9월의 블라디보스토크 국제학교 날씨는 '매우 맑음'이었다. 실제 기온으로는 낮에는 햇살이 따갑다 싶을 정도로 환하고 따뜻하고, 아침저녁으로는 두툼한 옷을 꺼내 입어야 할 만큼 싸늘하다. 식당 앞 제법 큰 밭 울타리에는 콩과에 속하는 덩굴식물이 씩씩하게 올라가고 있다. 보라색과 주홍색 꽃들이 여기저기 달려 있고, 울타리 앞에는 노란색과 자주색 꽃을 매단 키 큰 달리아가 화려하다. 맞은편에는 큼지막한 온실이 있고, 주변은 온통 작은 나무와 꽃들이 빼곡하다. 한쪽을 살펴보니 번식시키기 위해 잎이나 나뭇가지를 꽂아 둔 모판이 수두룩하다. 모두 홍정웅 선교사의 솜씨다. 연해주에서 11년 동안 사역한 그는 블라디보스토크 국제학교의 건축 과정을 총괄했다. 고무나무 이파리를 돌돌 말아 잎꽂이를 한 모판을 가리키며 그가 설명을 시작했다.

"여기 꽂아 놓은 이파리 하나하나는 모두 나무가 됩니다. 신기하죠? 주로 잎이나 가지를 잘라 꽂는 삽목을 해 두면, 얘들이 다 나무로 자라 가요. 여기 있는 식물들은 모두 한국에서 가져와 그렇게 퍼트린 겁니다. 등나무나 야생화, 블랙베리까지요. 참 잘 자라지요? 3년 전에는 여기 와서 심은 나무 2만 주를 시에 기증했습니다. 이렇게 조금만 노력하면 크게 도와줄 수 있는 거 아닐까요?"

한국에서 연해주로 건너온 작고 여린 식물들. 시간과 기후를 견디며 식물들은 뿌리를 내리고 잎을 키우고 가지를 뻗으며 자라 간다. 보살피고 보듬어 주는 정원사의 손길과 발자국 아래서. 사람도 나무와 닮았다. 연해주의 고려인들은 동토에 이식된 여리고 작은 나무 같다. 그들을 보살피고 보듬어 주는 누군가의 헌신이 있을 때, 그들 또한 동토의 땅에서 튼튼한 거목으로 자라 갈 것이다. 남서울은혜교회 사람들의 손길과 발자국 아래 연해주 사역은 그렇게 자라 가고 있다.

4부

우리의 친구들입니다

장애인과 함께하는 교회

주일 아침 10시에서 11시 사이. 밀알학교는 예배드리고 나가는 사람, 예배드리러 오는 사람으로 잠시 어수선해진다. 그 풍경 안에 장애인들이 있다. 그것도 제법 많다. 누군가는 그들에게 다가가 손을 잡기도 하고 미소와 인사를 주고받기도 한다. 희한한 것은 누구도 그들의 장애를 의식하는 눈길을 보내지 않는다는 것. 장애인과 비장애인이 다르나 구별되지 않고 어우러진 그곳, 남서울은혜교회다. 남서울은혜교회는 시각장애인, 농아인, 지체장애인, 자폐아 등 400여 명의 장애인이 6,200여 비장애인과 함께한다.

지혜로운 동거,
아름다운 연합

교회야? 학교야?

남서울은혜교회를 검색하면 연관검색어로 10여 개의 교회 이름이 뜬다. 거기에 유일하게 교회 이름이 아닌 명칭이 하나 있다. 바로 '밀알학교'다. 반대로, 밀알학교를 검색하면 연관검색어로 서울과 지방의 여러 특수학교 이름이 뜬다. 거기도 유일하게 그와 다른 이름이 하나 있는데, 바로 '남서울은혜교회'다. 인터넷 지도에서도 마찬가지다. 검색창에 남서울은혜교회를 치면, 관련어로 밀알학교가 뜬다. 이번에는 밀알학교를 쳐 보자. 결과는 같다. 관련어로 남서울은혜교회가 올라온다.

　남서울은혜교회와 밀알학교. 둘인 것 같으면서도 하나이고, 하나인 것 같으면서도 둘이다. 남서울은혜교회를 아는 사람이라면 밀알학교를 알고, 밀알학교를 아는 사람은 동시에 남서울은혜교회도 알고 있다. 도대체 이 둘은 어떤 연관이 있을까.

　남서울은혜교회 홈페이지에 나와 있는 교회 주소는 '광평로 20길 17'이다. 주일 아침, 남서울은혜교회에서 예배를 드리겠다고 이 주소를 찾아가면 낭패다. 홈페이지에서 '교회 위치'를 클릭하면 나와 있듯이, 이 주소에 있는 교회 본당에서는 금요기도회와 중고등부 주일예배만 열린다. 대신, 남서울은혜교회의 주일예배와 수요예배는 밀알학교에서 드린다는 빨간 글씨의 공지가 보인다. 교회에서 가장 중요한 예배를 밀알학교에서 드린다는 말이다. 이쯤 되면 두 기관이 좀 특별한 관계에 있다는 것이 보이기 시작한다.

　주일날 밀알학교에 가 보면, 예배 드리러 오고 가는 성도들로 정신이 없다. 여느 교회들처럼 성도들이 교제하느라 소곤소곤하거나 곳곳에서 크고 작은 모임을 진행하느라 분주하다. 유난히 장애를 가진 이들이 눈에 띈다는 것이 특이하다. 그렇다고 장애인들만의 교회가 아닌 것은 분명하다. 비장애인이 훨씬 많다. 유달리 장애인이 많지만, 그렇다고 누구든 그들에게 별다른 눈길을 주지 않는다. 장애인이 비장애인을 보는 눈빛이나 비장애인이 장애인을 보는 눈빛이나 거기서 거기다. 별 다를 바가 없다.

  예배도 마찬가지다. 장애인들이 비장애인들과 뒤섞여 있고, 앞에 앉은 몇몇은 뜻 모를 소리를 내기도 하지만 특별히 주목하거나 제재하는 사람이 없다. 복도나 모임이 있는 공간에는 한 사람의 장애인 옆에 돌봐주는 친구가 있거나 서너 명의 비장애인이 함께 있는 것을 흔히 볼 수 있다.

  평일에 밀알학교에 가면 주일의 활기는 온데간데없고, 정숙한 학교로 얼굴이 완전히 달라져 있다. 주일예배를 드리던 공간은 장애인 아이들이 모여 체육을 하고, 소모임을 하던 교실에서는 대여섯 명 남짓한 아이들이 수업을 받는다. 체육관, 식당, 교실, 화장실, 운동장 그 어느 것 하나 어수룩한 공간이 없다. 공간도 인테리어도 모두 실용적이면서 세련미가 돋보인다.

  그러니까 밀알학교라는 하나의 공간을 일주일의 닷새인 평일은 밀알학교가, 나머지 이틀은 남서울은혜교회가 점유하는 셈이다. 기막힌 동거다. 두 기관이 하나의 공간을 공유하는 것만큼 공간 활용의 좋은 예가 또 있을까? 6,200여 명이 넘는 남서울은혜교회가 일주일에 이틀 쓰자고 교회 건물을 짓거나 세를 내는 것은 어리석은 처사다. 밀알학교는 학생들이 등교하지 않는 시간 동안 학교 공간을 텅 비워 두지 않아도 된다. 이렇게 두 기관이 하나의 공간을 공유하며 살아온 세월이 올해로 15년째다. 최고의 윈-윈이다.

  '몇 백억씩 들여서 근사한 예배당을 지어 놓고 일주일에 한 번

사회적 약자에 대한 사랑과 관심의 상징, 밀알학교

밖에 사용하지 않는 건 좀 문제가 아닐까. 수업이 없는 주일에 학교에서 예배를 드리면 학교에는 큰 부담이 되지 않으니, 교회 건물을 짓는다면 차라리 학교를 짓는 것이 좋겠다.'

남서울은혜교회 초기에 중동고등학교 강당을 빌려 예배를 드리면서 홍정길 목사는 그렇게 생각했다. 그리고 곧 그 생각을 실행에 옮겼다. 그 뒤 몇 가지 사연을 겪으며 홍 목사는 일반 학교를 세우려던 계획을 발달장애아를 위한 특수학교로 목표를 수정한다. 그 이야기는 '밀알학교 이야기' 편에서 다시 하기로 하자.

낭비가 아니면 사랑 아닙니다

그렇다면 이 공간의 주인은 누구일까? 밀알학교라는 장애인 학교 짓는 일을 주도한 것은 남서울은혜교회지만, 교회는 완공한 학교를 학교가 속한 밀알복지재단에 모두 헌납했다. 3천여 평의 대지, 3천여 평의 학교 건물, 3,500여 평의 아트센터까지 전부 기부했다. 지금까지 남서울은혜교회가 밀알학교에 쏟아부은 돈은 250억 원에 달한다. 부동산을 최고로 여기는 가치가 교회 안에서도 당연시되는 요즘, 이와 같은 헌납은 우리에게 중대한 각성을 요구한다.

이는 기록할 만한 역사적인 일이다. 밀알학교는 장애아를 둔 모든 부모에게 시설뿐 아니라 교육의 품질 면에서도 최고라고 손꼽힌다. 남서울은혜교회는 하나님나라 셈법으로 한다면 최고의 투자를 한 셈이다. 천국의 투자란 이런 것이다.

"홍정길 목사님은 지역 교회가 사랑으로 지역사회의 복지 기관을 섬기는 연합 모델을 보여 주셨다. 홍 목사님은 평소에 교회가 재산을 소유하면 타락하기 쉽기 때문에 가급적 재산을 적게 소유하는 것이 좋다고 말씀하셨다. 또한 선교 기관이나 복지 기관을 한 교회가 소유하고 독점하는 것보다 여러 교회가 함께 연합하여 일하는 것이 더 좋다고 하셨다"(〈동행〉, 248쪽).

밀알복지재단 정형석 상임이사의 말이다.

남서울은혜교회는 처음부터 장애인과 함께하는 교회가 되겠다고 결심했다. 교회 개척과 창립의 동기는 분명했다. 그리고 그 이상을 가장 현실적인 방법으로 실천에 옮겼다. 그 시작의 정점에 홍정길 목사가 있다. 남서울은혜교회와 밀알학교의 연관성을 파고들어 가면 '홍정길'이라는 이름 석 자를 빼고 말하기는 매우 어렵다.

남서울은혜교회 홍정길 원로목사는 1975년부터 1996년까지 20년 동안 남서울교회를 섬겼다. 그 교회 역시 홍 목사가 개척한 교회였다. 그는 남서울교회 20년 사역을 정리하고, 새로 남서울은혜교회를 개척했다.

"홍정길 목사님은 일생에 가장 중대한 결단을 하셨다. 밀알학교 건축에 전념하고 장애인과 함께하는 교회를 만들기 위해 남서울교회를 사임하고 남서울은혜교회로 부임하신 것이다. 20년 이상 정들었던 교회를 떠난다는 것은 결코 쉬운 일이 아니다. 더구나 남서울교회는 누가 보아도 목회하기 좋은 교회였다. 홍 목사가 개척하여 이젠 장년 성도만 4천 명 가까이 모이는 안정된 교회였다. 담임목사는 성도들을 사랑했고, 성도들은 담임목사를 존경했다. 성도들의 신앙 성숙도가 높아서 담임목사의 목회 철학을 잘 이루어 갈 수 있는 좋은 교회였다. 하지만 홍 목사님은 눈물을 머금고 큰 결단을 하셨다. 하나님께 기도하는 가운데 남서울교회를 사임하는 것이 하나님의 뜻이라는 것을 깨닫고 1996년 3월 남서울교회를 사임하셨다. 문제가 있어서가 아니라 크고 놀라운 하나님의 뜻을 이루기 위해 결단하신 것이다. 이 땅에서 소외된 장애인을 더욱 가까이에서 사랑하고 섬기기 위해 사임하신 것이다"(〈동행〉, 240쪽).

이와 같이 홍정길 목사의 남서울은혜교회 개척 동기를 술회한 정형석 목사는 홍 목사가 이미 남서울교회 시절부터 장애인 사역을 우선적으로 배려해 왔다는 것을 경험으로 알고 있었다. 그는 밀알학교의 처음부터 지금까지의 역사를 가장 잘 아는 인물이다.

홍 목사는 왜 굳이 장애인과 함께하는 교회 사역을 시작했을까?

"남서울은혜교회에서 다시 목회를 시작하면서 '어떻게 하면 더 나은 교회를 향한 목회를 할 것인가?'를 생각해 봅니다. 이전에 사역했던 남서울교회를 다시 반복하는 것은 의미가 없다고 생각합니다. 그때와 지금은 너무 많이 달라졌기 때문입니다. 21세기를 맞이하여 이 시대에 하나님께서 필요로 하시는 교회는 과연 어떤 교회인가 고민하면서 하나님이 기뻐하시는 교회가 되는 일에 전심전력하려고 합니다. 그중 무엇보다 하나님의 형상대로 지음을 받은 성도들이 한없이 그 아름다움을 드러내는 교회, 한 영혼 한 영혼이 소중하게 하나님 앞에서 자라는 교회, 장애인과 비장애인이 하나로 어우러지는 아름다운 교회를 꿈꾸어 봅니다"(〈통합, 그 아름다운 도전〉, 19쪽).

20년을 다져 온 안정된 터를 내려놓는다는 것은 결코 쉽지 않은 결정이다. 하지만 홍정길 목사는 안정 대신 도전을 택했다. 그의 말대로 하나님이 기뻐하시는 교회가 되는 일에 전심전력하기 위해서였다. 홍 목사는 중동고등학교 강당을 빌려 예배드리면서 새 교회를 짓는 대신 엄청난 주변의 반대와 싸우면서 밀알학교를 지었다. 그의 회고를 들어 보자.

"갖은 수모를 당하면서 밀알학교를 지었습니다. 학교를 짓기 전에 국내의 여러 특수학교를 돌아봤습니다. 열악했습니다. 정상인들도 장애를 느낄 정도로 불편한 건물이었으니, 장애인들은 어땠을까요? 그래서 기도했습니다. '하나님, 우리의 최선을 짓게 해 주십시오.'

그리고 우리는 정말 아름다운 밀알학교를 갖게 되었습니다. 우리나라에서 지난 100년 동안 지어진 가장 아름다운 100대 건물 중 7위를 한 건축물입니다. 영국 왕립 아카데미에서 발행한 도자 전문 도서는 밀알학교의 세라믹팔레스홀과 건축 과정을 커버스토리로 소개하면서 세상에서 가장 아름다운 건축이라고 소개합니다. 그래서 사람들이 구경을 많이 옵니다. 구경 오신 분들 중에는 저한테 이런 질문을 하시는 분들이 있습니다.

'목사님, 장애인들이고 어린애들인데 이렇게 아름다운 거 모르지 않습니까? 이거 낭비 아닙니까?'

맞습니다. 낭비입니다. 하지만 낭비가 아니면 사랑이 아닙니다. 사랑은 반드시 낭비합니다. 여러분은 자식에게 얼마나 낭비를 하고 있습니까? 그 자식이 다른 아이들보다 잘나고 똑똑해서 낭비하십니까? 그럴 가치가 있어서 낭비하십니까? 아니지 않습니까. 사랑은 자녀를 향해 어떤 것도 아끼지 않습니다. 우리는 낭비 중에 가장 큰 낭비를 알고 있습니다. 갈보리 십자가를 보십시오. 거기에 우리 하나님 아버지의 낭비가 있습니다. 우리를 위해 아들을 내놓으신 엄청난 낭비가 거기 있습니다. 하나님은 세상을 사랑하셨기 때문에 우리를 위해 독생자를 낭비하신 것입니다. 낭비가 아니면 사랑 아닙니다. 계산만 하고 있다면 아직 사랑 아닙니다. 사랑은 계산이 아닙니다.

장애인 학교에 하나님은 왜 이런 건물을 주셨습니까? 다른 사람한테는 그들이 장애를 가진 별 볼일 없는 존재일지 모르지만, 우리 하나님께 그들은 온 천하보다 귀한 영혼입니다. 우리 하나님은 그 사실을 이 건물을 통해 보여 주신 것입니다"(2011. 1. 23. 홍정길 목사의 주일 설교).

고생고생해서 지은 아름다운 건물, 발달장애아들이 배우며 뛰노는 곳. 바로 밀알학교다. 남서울은혜교회는 밀알학교를 지어서 헌납한 것으로 장애인 사랑하는 일을 다했노라고 손 털지 않았다. 장애아들이 공부를 다 마치고 직업을 가질 수 있도록 기술을 가르치고, 노동과 자활의 인생을 살 수 있도록 기회를 마련해 주는 사업들을 시작했다.

장애를 가진 아이들의 모든 부모들에게는 슬픈 소원이 있다. 아이보다 하루라도 더 오래 살 수 있기를 바라는 것이다. 부모가 먼저 떠나고 나면 남겨진 아이가 이 세상에서 어떻게 살아갈지 답이 없기 때문이다. 남서울은혜교회는 이 슬픈 소원을 가진 부모들의 마지막 염려를 덜어 주기 위해, 아이들이 부모와 떨어져 살 수 있는 그룹 홈 운영에 들어갔다.

이렇게 교회는 평생 동안 장애인들의 옆에 있는 진정한 친구가 되어 주었다. 남서울은혜교회의 표어 '장애인와 함께하는 교회'는 하나의 구호로 끝나지 않고 남서울은혜교회 20년 역사 속에서 사명으로 꾸준히 실천되어 왔다.

통합이
목표다

남서울은혜교회는 밀알학교 그레이스홀에서 주일예배를 드린다. 그레이스홀은 밀알학교 아이들의 실내 체육관이다. 평일에 밀알학교는 그곳을 체육 활동 공간으로 사용하기 때문에 주일 대예배 2, 3, 4, 5부를 드리기 위해서는 그레이스홀 1층 전체에 접이식 의자 수백 개를 깔았다가 접어야 한다. 매주 한 번씩, 1년에 52회를 그렇게 하는 것은 여간 귀찮고 번잡스럽고 불편한 일이 아니다. 성도 수로 보나 성도들이 가진 힘으로 보나 사실 남서울은혜교회는 번듯한 교회 건물 하나쯤은 세우고도 남을 능력이 있다. 하지만 그들은 그 쉽고도 간편한 방법을 선택하지 않고, 불편한 길을

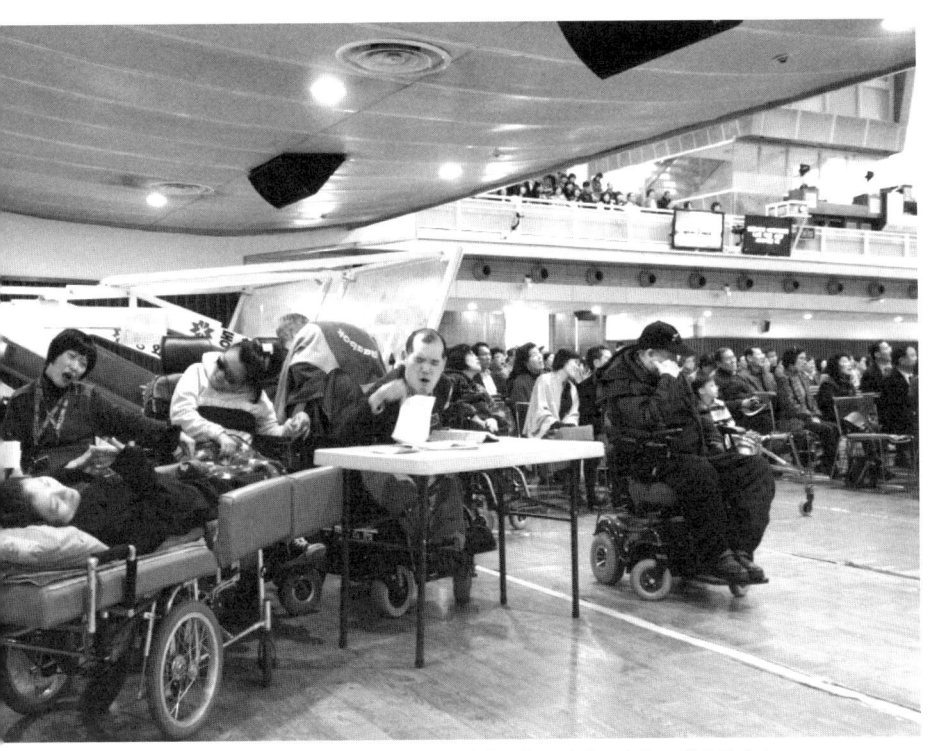

남서울은혜교회는 장애인과 비장애인이 함께 예배드리고, 함께 공부하고, 함께 봉사하고, 함께 울고 웃는다.

자초해 걸었다.

남서울은혜교회 사람들에게 그것은 당연한 일처럼 되어 버린 지 오래다. "우리가 조금 불편하게 살면 장애아들이 행복해지고 편해진다"는 홍정길 목사의 생각을 남서울은혜교회 사람들 모두가 뼛속까지 공유하고 있기 때문이다. 20년 가까이 적어도 매주 한 번 남서울은혜교회 식구들 전체의 작은 헌신이 있기에, 그들의 의식 속에는 장애인, 비장애인의 구분이 희미해졌고 장애인을 하나님 안에서 함께 살아가는 존재로 보는 통합적 사고가 뿌리내렸다.

통합은 선택이 아니라 필수

남서울은혜교회에서는 장애인을 따로 구별하여 특별 대우하지 않는다. 그렇게 특별히 따로 생각해 주는 것이 오히려 장애인에게는 또 다른 소외감을 주기 때문이다. 그래서 장애인과 비장애인이 함께 예배드리고, 함께 공부하고, 함께 봉사하고, 함께 울고 웃는다. 예배와 교육, 봉사와 친교 등 그 모든 교회 현장에서 장애인과 비장애인의 차별 없는 통합. 그것이 장애인와 함께하는 남서울은혜교회가 지향하는 완전한 통합이다. 그 진정한 통합의 노력은 오늘도 현재진행형이다.

1997년 11월부터 줄곧 남서울은혜교회 장애인 사역을 하고 있는 이준우 목사는 통합을 "장애인과 비장애인이 어울려서 하나의 세상을 이루며 살아가는 것을 의미한다"고 정의한다.

남서울은혜교회가 지향하는 장애인 사역에서의 통합은 남서울은혜교회의 시작과 같이한다. 홍정길 목사는 미국 장애인법 제정의 기초를 닦은 리처드 손버그 전 법무장관이 방한했을 때 이런 질문을 던진 적이 있다.

"같은 장애를 가진 사람들끼리 예배드리는 것이 자연스럽지 않습니까?"

의외의 대답이 돌아왔다.

"그들만 따로 예배를 드리게 하는 것은 또 다른 소외를 만드는 것입니다. 하나님은 모든 영혼을 동등하게 부르셨고, 한 영혼이 가진 모습 그대로 함께 하나님 앞에 서기를 원하십니다."

그 말은 홍 목사에게 울림이 되어 마음에 남았다. 그리고 남서울은혜교회를 개척할 때부터 장애인와 통합 예배를 드리고 통합 교육을 한다는 방침을 세웠다. 밀알학교 옆에 밀알아트센터를 건립해 장애인과 비장애인을 위한 통합 공간으로 운영하는 것도 같은 맥락에서다.

홍 목사가 생각하는 통합의 근거는 분명하다.

"하나님 앞에서 모든 영혼은 동등합니다. 겉모습의 차이를 넘어 동등한 영혼으로 하나 되어 예배하는 것, 하나님께서 영광 받으실 일입니다. 진정한 통합이 이루어질 때 한국 교회는 그만큼 더 온

전해질 것입니다"(《통합, 그 아름다운 도전》, 5쪽).

홍 목사가 통합을 확신하는 배경에는 두 여성이 있었다. 한 사람은 리처드 손버그의 아내였고, 또 한 사람은 밀알학교를 찾아온 한 발달장애아의 어머니였다.

밀알선교단을 방문해 홍정길 목사와 만난 손버그 여사는 밀알학교에 많은 관심을 보였다. 그때 홍 목사는 손버그 여사가 말할 때 매우 또박또박 발음한다는 사실에 주목했다. 자신을 배려한 것이라고 생각해 내심 기분이 좋았다. 하지만 거의 원어민 수준으로 영어를 잘하는 한국인에게도 똑같이 말하는 것을 보고 좀 의아했다. 홍 목사는 손버그 여사에게 그 이유를 물었다.

"저는 남부 사람이라 원래 흘리듯 말하는 편이었습니다. 그런데 교회에서 청각장애부를 담당하면서 정확하게 발음하는 것을 노력하게 되었습니다. 아이들은 수화를 사용하는 것이 아니라 상대의 입 모양을 보면서 대화하기 때문에, 입 모양이 분명하지 않으면 대화가 어렵다는 것을 알게 되었거든요. 그 후로 입 모양을 더욱 분명하게 해서 발음하는 습관이 들었습니다. 그러다 보니 평상시에도 그렇게 해야겠다는 생각이 들었지요. 언제 어디서 제 입 모양을 보고 말을 알아듣는 청각장애인이 있을지도 모르니까요."

홍정길 목사는 깜짝 놀랐다. 이 정도로 배려하며 살아가는 것이 사랑이라는 생각이 들었다. 상대방의 입장에서 바라보고 생각하는 것. 비장애인으로 장애인을 바라보는 것이 아니라, 장애인의 입장에서 장애인을 위하는 길을 찾고 만들어 가는 것이 곧 사랑이라는 깨달음을 얻은 것이다.

그에게 영향을 준 또 한 사람은 발달장애아를 둔 한 어머니였다. 우연한 기회에 그 어머니를 만난 자리에서 홍 목사는 밀알학교의 좋은 점이 무엇인지 물었다.

"좋은 게 어디 한두 가지인가요? 헌신적인 선생님들도 좋고, 건물도 깨끗해서 좋아요. 하지만 제일 좋은 것은 장애아들이 다니는 학교인데도 여러 사람들이 드나든다는 거예요."

일반적으로 장애아들의 학교는 장애를 가진 아이와 그들의 부모, 선생님 이렇게 세 부류가 드나드는데, 밀알학교는 자원봉사자, 지역 주민, 성도들까지 보통 사람들이 수없이 자유롭게 드나든다는 것이다. 그래서 장애아라는 표시도, 장애아 엄마라는 표시도 안 날 뿐만 아니라, 사람들이 자신을 딱한 표정으로 바라보는 일도 없어서 너무 편하고 좋다는 말이었다.

홍 목사는 이 두 여성을 만난 후로 '통합'이 옳다는 것을 재삼 확인했다. 장애인과 비장애인이 함께 섞여 살아가기 위해 어느 정도 불편을 감수하고서라도 함께 어울리고 익숙해져 가는 것이 진정한 통합의 의미다. 하나님의 교회에서 '통합'은 선택이 아니라 필수다.

통합을 향한 끈질긴 노력

모든 교회에는 주일학교가 있다. 남서울은혜교회에서는 주일학교를 '예수마당'이라고 부른다. 남서울은혜교회에서 발달장애 아동들을 섬기는 밀알부는 1999년 예수마당과 통합을 시도했다. 처음에는 밀알부와 예수마당을 '합쳐서 함께 모이는' 수준에 그쳤다. 그저 장애아동과 비장애아동이 같은 시간에 한 공간에서 같이 배우는 것이 전부였다. 따로 앉아서, 다른 교재로, 선생님도 따로따로 있었다. 밀알부에 속하는 유치부, 초등부, 중등부, 고등부의 모든 장애학생들이 예수마당 유년부(초등 1-3학년)에 일괄 통합되었으니 말로만 통합일 뿐, 통합의 진정한 의미와는 한참 거리가 멀었다. 결국 밀알부와 예수마당은 다시 분리되었다.

그 후 밀알부 학생들이 대폭 늘었다. 밀알부가 초등부, 중고등부로 나누어졌고, 한국 교회 역사상 처음으로 자폐 학생들로 구성된 주일학교 성가대도 세워졌다. 이들을 담당하는 전임 목회자들도 부임했다. 그러다 2001년 3월, 예수마당 유치부와 밀알 유치부가 통합되었다. 예배와 신앙 교육이 함께하는 진정한 의미에서의 의미 있는 통합이었다. 모두 선생님들의 지극한 헌신 덕분에 가능한 일이었다.

유치부 통합에는 밀알 유치부 선생님들이 주도적으로 앞장섰다. 밀알부 아이들의 특성을 잘 알고 있었기에 밀알부 선생님들이 주임 교사가 되고, 예수마당 교사들이 보조교사가 되어 장애 친구들을 보살피며 적응을 도왔다. 현재 예수마당 유치부는 거의 완벽한 통합을 이루었다고 평가받는다. 이와 같은 안착에 힘입어 각 예수마당은 더욱 통합에 노력을 기울였다. 2004년에는 밀알초등부를 없애고 예수마당 각 부서로 통합되었고, 2007년에는 밀알초등부와 밀알중고등부가 밀알학생부로 통합되었다. 그리고 2008년에는 예수마당을 중심으로 통합이 전환되기에 이르렀다.

장애 학생들의 부모들도 여러 예수마당 부서에 교사로 헌신했다. 부모가 교사로 섬기면서 장애아동을 보다 실제적으로 이해하는 인식과 분위기가 예수마당 전체와 밀알부에 확산되었다. 한편에서 장애 아동은 개별적으로 분리와 통합, 재분리와 재통합이 반복되기도 했다.

나아가 여러 장애인 부서들이 생겨났다. 1998년 농아부가 설립되었고, 농아부에서 성장한 청각장애인 중에는 목회자로 성장한 이들도 많다. 1999년에는 지체장애인들을 중심으로 아만나(아름다운 만남과 나눔을 위한)부가 만들어졌다. 혼자 힘으로 이동이 불가능해 교회에 나오지 못했던 지체장애인들이 비장애인의 도움을 받아 교회로 나와 복음을 받아들이는 역사가 일어났다. 또 아만나부를 통해 교회에 나온 많은 장애인들이 교회 구석구석에서 다양한 활동을 하고 있다.

지금도 많은 장애인들이 예수마당과 교구로 속속 통합되고 있다. 또 자폐성 장애와 지적 장애학생의 통합을 지원하는 통합지원부, 자폐성 장애 초중고 학생들의 밀알학생부, 자폐성 장애 청년들의 밀알청년 1부, 지적장애 청년들의 밀알청년 2부, 농아학생부, 농아장년부, 사이버농인사역부, 지체장애 성인들의 아만나부는 미래의 완전한 통합을 바라보며 교육과 훈련 가운데 있다.

이준우 목사는 지난 20년 동안 통합을 위해 달려온 노력을 이렇게 증거한다.

"장애인위원회 산하 장애인 부서들을 통해 신앙 교육과 훈련을 받은 많은 장애인들은 다양한 교회 활동에 자연스럽게 통합되고 있으며, 지속적으로 자신의 장애에 적합한 장애인 부서를 통해 영육간의 실질적인 지원을 받아 누리고 있다. 하나님께서 장애인의 통합과 특화된 신앙 교육이라는 이 사명을 부여하신 것은 복음 안에 있는 모든 사람들이 '하나'이며, 서로 돌아보고 격려할 때, 그 하나 됨이 더욱 풍성해진다는 진리를 남서울은혜교회로 하여금 누리게 하시기 위해서라고 본다"(〈통합, 그 아름다운 도전〉, 36쪽).

버디 관계로 완벽한 통합을 꿈꾼다

조급한 마음은 통합에 전혀 도움이 되지 않는다. 짧은 시간 내에 효율을 기대하는 것은 어리석은 일이다. 예배와 신앙 교육, 또

래와의 관계에서 일관성 있는 진정한 통합을 향해 나아가려면 '협력'이 최우선 과제다. 이준우 목사는 "통합은 모두를 위한 것이며 실현 가능한 일임을 공유하는 것이 중요하다"고 강조한다.

이를 위해 각 부에 버디친구, 버디교사가 있다. 장애아동을 '버디(Buddy)'라고 부르며 비장애아동을 '버디친구'라고 부른다. 보통 각 부에는 버디친구를 지원하는 비장애 학생 2명과 장애 학생 한 명이 서로 짝꿍을 맺는다. 이들은 예배, 신앙 교육, 야외 활동, 버디학교를 함께하며 친구 관계를 형성한다. 한마디로 장애아동 한 사람 옆에 친구 둘이 딱 붙어서 함께 배우고 함께 놀며 함께 있다는 뜻이다.

처음에 장애아동들은 상황에 적응하지 못해서 돌발적인 행동을 하거나 분위기를 깨기도 했다. 그러나 시간이 지나면서 버디들은 점차 상황에 적응했고, 버디친구는 버디에게 주의를 주기도 하고 달래기도 하면서 자연스러운 분위기가 만들어졌다. 이렇게 주일 예수마당 시간에 버디친구는 버디의 친구이자 보호자이자 짝꿍이 된다.

서로에게 짝꿍이 되고 친구가 되어 이들은 '함께 살아가는 법'을 배운다. 장애를 바라보는 시선이 달라지고, 그들과 더불어 살아가는 것을 자연스러운 일로 받아들인다. 특히 아이들은 장애아동들을 바라보는 '특별한 시선'을 거두고 조금 아픈 내 친구이니까 더 사랑해 주어야 한다는 생각을 보편적으로 갖게 되었다. 장애아동들은 버디친구와 함께 있으면서 행동도 차분해지고 참을성도 생기고 주위 사람들과 어울리는 방법도 터득해 갔다. 물론 많은 시간이 소요되고, 교사들의 절대적인 헌신과 노력이 뒷받침되었기에 가능한 일이었다.

유아·유치부는 장애 유형과 경중에 관계없이 예배·신앙 교육의 완전 통합을 이루고 있으며, 일반 아동과 장애 아동은 2대 1로 짝꿍 맺기를 한다. 유년·아동·소년부는 예배는 완전 통합을 유지하되, 신앙 교육은 장애 유형과 경중을 고려해 부분 통합으로 이루어지고 있다. 역시 2대 1로 짝꿍과 함께 활동한다. 중·고등부, 청년부는 장애 유형과 경중을 고려해 예배와 신앙 교육에서 부분 통합이 이루어지고 있다.

남서울은혜교회에는 장애인와 함께하는 두 가지 특별한 프로그램이 있다. 버디학교와 밀알천사다.

버디학교는 버디, 일반 학생, 성도들이 '함께하는 자연·문화 체험'을 통해 사회적 관계를 형성하는 활동이다. 예수마당 각 부서가 적극적으로 참여하는 이 통합 활동은 4월부터 11월까지 넷째 주 토요일마다 능동적 체험이 가능한 테마파크나 야외에서 진행된다. 버디학교는 사회 적응을 위한 대안 프로그램으로, 일반 학생과 장애 학생과 성도들이 짝을 이루어서 보다 긴밀한 관계 속에 즐거운 놀이를 즐기며 신나는 시간을 보낸다. 덕분에 장애 학생의 부모는 한 달에 한 번이라도 장애를 가진 자녀에게서 벗어나 홀가

분한 주말을 맞는다. 장애아, 장애인 가족, 버디친구들 모두 버디학교를 좋아한다. 이들의 뜨거운 반응 속에 넷째 주 토요일은 특별히 행복한 시간이 된다.

밀알천사는 한 아버지의 아들 사랑으로 시작된 산행 모임이다. 남서울은혜교회 집사인 밀알천사 남기철 산악대장은 1995년 7월 17일, 열세 살 발달장애아인 아들이 집에만 있는 것이 안타까워 아들을 데리고 산에 오르기 시작했다. 그 일이 계기가 되어 17년 동안 지금까지 매주말 발달장애아들을 데리고 청계산을 찾고 있다. 아이들에게 시달리는 부모에게는 잠깐의 쉼과 충전의 시간을 주고, 외부 활동이 자유롭지 못한 장애아동들에게는 몸과 마음을 건강하게 하는 의미 있는 일이었다. 이렇게 주말마다 진행되는 '밀알천사'는 매주 50여 명의 자폐아동과 짝꿍(도우미)이 함께한다. 매년 45회 이상, 2천여 명 이상이 참여하는 주말 산행을 17년째 이끌고 있는 남기철 집사는 이렇게 고백한다.

"우리가 천사들을 데리고 매주 토요일 산에 오르는 것을 많은 사람들이 이해하지 못합니다. 등산 중에 난리 치는 천사들과 사투를 벌이는 것은 물론, 큰일을 수시로 보는 천사들의 뒤처리까지 하면서도 한 번을 쉬지 않는 짝꿍들이 세상 사람들 눈에는 이해되지 않겠지요. 우리 짝꿍 중에는 아직 주님을 영접하지 못한 사람이 여럿 있습니다. 그러나 그들도 이미 십자가의 길을 걷고 있다는 생각이 듭니다. 천사들을 향한 그들의 뜨거운 사랑은 믿는 우리를 부끄럽게 할 때가 많습니다. 오늘도 우리는 천사들과 청계산을 오릅니다. 십자가의 길을 걷는 것입니다"(《그래서 사랑하고 그래도 사랑한다》, 151쪽).

동행의 행복

남서울은혜교회 장애 사역에 합류한 지 올해로 9년째인 정형철 장로 역시 '밀알천사'로 한 달에 두 번 장애인과 함께 청계산에 오른다. 정 장로는 지난 시간들의 의미를 이렇게 되새긴다.

"장애인들과 함께하면 할수록 내가 그들을 섬기고 봉사하고 있는 것이 아니라 오히려 그들을 통해 하나님께서 나에게 복을 주신다는 생각이 점점 분명해집니다. 정신적, 육체적, 신앙적 모든 면에서 장애인들은 하나님의 축복 통로입니다. 그들과 만나면 하나님께서 세상에서 가장 사랑하는 자들이 장애인임을 알 수 있습니다. 그러니 우리가 그들을 사랑하는 건 당연한 일이지요."

이와 같은 간증은 특별한 어느 누군가의 고백이 아니다. 장애인와 동행한 지난 20년 동안, 남서울은혜교회 사람들은 그 비밀한 기쁨을 누려 왔다.

"의사소통도 안 됐고, 나를 알아보지도 못하고, 나한테서 벗어나려 애쓰고…. 돌발적인 행동을 통제하기도 힘들고, 밥 먹는 것,

화장실 가는 것, 하나하나 모두 도와주어야 했습니다. 힘들었습니다. 그러나 느낄 수 있었습니다. 우리의 섬김을 통해 장애 청년들이 주님을 알게 되고 비로소 진정으로 즐거워하고 있음을요. 변하고 있다는 것을요"(봉사 시간을 채우려고 장애 청년 수련회에 별 생각 없이 참가했다가, 지금은 밀알청년 1부 교사로 섬기는 한 청년의 고백).

"저는 장애인 부모님의 수고를 조금이나마 덜어 드리기 위해 봉사를 시작했습니다. 그러나 그것은 제게 엄청난 믿음과 생활의 변화를 가져왔습니다. 장애인와 함께하는 저의 눈에 하나님나라가 펼쳐졌습니다"(밀알학생부 여름 수련회에 참가해 장애 학생과 2박 3일 동안 함께하면서 장애인 봉사를 본격적으로 시작하고 전인격적으로 예수님을 만난 한 집사의 고백).

"2007년 여름, 버디가족캠프를 시작으로 연합과 섬김에 도전했습니다. 생각할 때마다 가슴 뛰는 첫걸음입니다. 가족캠프는 해가 거듭될수록 참여 가정들이 늘어나고, 때론 불편하고 어색하기도 할 텐데 서로를 위한 배려와 사랑이 더 커지고 있습니다. 함께하는 감동의 시간들을 보내며 우리는 주 안에서 '건강한 가족'이라고 자랑하고 싶습니다"(2007년 통합지원부가 생길 때부터 함께해 온 어느 집사의 소회).

"나는 강정환(뇌병변 1급장애, 46세)을 아들로 삼았습니다. 교회를 가고 싶어도 누가 데리고 가는 사람이 없다는 소식을 듣고 승용차를 타고 그의 집을 방문했습니다. 평생을 누워서 지낸 사람이었습니다. 그 후 나는 승용차를 팔고 스타렉스 승용차를 구입해 함께 교회에 와서 예배를 드리고 날씨가 좋으면 한강공원에 나가 강바람을 쐬곤 했습니다. 하루는 저녁식사로 아구찜을 먹었습니다. 맛있게 먹던 그가 눈물을 흘리더군요. 처음 먹어 보는 음식이라는 겁니다. 가족들의 외식 자리에서 늘 소외되어 있었던 것이지요. 하나님께서는 우리 손길을 통해 처음으로 이 장애인에게 아구찜을 먹게 하셨습니다. 이것이 하나님의 은혜라고 생각합니다"(아만나부 창립 때부터 함께하며 봉사해 온 한 집사의 간증).

"하나님이 왜 농인들을, 왜 장애인들을 만드셨을까. 오랫동안 고민하면서 농아학생부를 섬겨 왔습니다. 사실 섬긴다는 것은 조금 우스운 것 같네요. 나는 그냥 그들과 함께 있었고, 오히려 그들은 나를 섬겨 왔습니다. 그들은 언제나 나로 하여금 '진짜 소리' 가 무엇인지 고민하게 했습니다. 그들은 소리가 들리지 않습니다. 그래서 그들은 하나님의 임재만으로 예배를 드리고 음성에 제한받지 않고 기도를 합니다. 하나님의 음성은 소리를 넘어서 들린다는 것을 확연히 알 수 있게 된 것은 바로 그들의 존재 때문입니다. 소리가 들리지 않지만 누구보다 하나님의 음성을 잘 듣는 자들, 바로 농인들입니다. 오늘도 나는 그들에게서 하나님을 배웁니다"(농아학생부 교사로 섬기는 청년 교사의 이야기).

이들의 고백만으로도 남서울은혜교회가 장애인와 함께하는 이유가 충분하지 않은가. 비장애인이 장애인으로 인해 하나님을 더 가까이, 더 깊이 만나고 있다는 것을 우리는 남서울은혜교회에서 목격한다. 세상의 가장 낮은 이들과 함께하시는 하나님. 하나님을 만나려면 우리는 세상의 가장 낮은 이들에게로 가야 한다.

함께 일하고 함께 살아요
- 굿윌 사역

작업장에서 밀알보호작업장으로

한때 남서울은혜교회 본당 5층에는 장애인들이 모여 일하는 작업장이 있었다. 1997년 IMF 사태로 많은 사람들이 일자리를 잃은 상황에서, 그나마 일을 갖고 있던 장애인들은 0순위로 일터에서 퇴출되었다. 그 딱한 사정을 제일 안타까워한 남서울은혜교회는 도울 방법을 모색했다. 1998년 교회 5층에 서둘러 작업장을 마련했다. 처음에 11명의 농아인들이 일을 시작했다가 곧 정신지체 장애인들도 합류했다. 50명이 넘는 장애인들이 함께 일하던 그곳은 처우 면에서는 일반 기업과 똑같은 곳이었다. 법적인 최저 임금을 지불한 것이 바람직한 일이었지만, 현상 유지 자체가 어려워져 아예 작업장 존립 자체가 위협받게 되었다. 사실 장애인들로서는 일을 함으로써 돈을 벌 수 있다는 것도 좋지만, 그들이 일할 능력을 가진 사람들이라는 정체성이 더 간절했기 때문에 그들에게 '일터'는 반드시 필요했다.

2005년, 결국 작업장은 장애인 보호 작업장으로 성격을 바꾸었다. 일반 기업에서도 일하는 것이 가능한 장애인들은 다른 작업장으로 옮겼다. 그리고 교회 5층 작업장은 장애인들의 보호 관리 성격을 가지면서 일을 하며 보수도 받는 보호작업장이 된 것이다. 이렇게 작업장과 보호작업장으로 분리됨으로써 정상인처럼 일할 수 있는 장애인은 제대로 직장을 가질 수 있고, 일과 보호가 모두 필요한 장애인은 보호받으면서 일도 하는 이점을 누렸다. 장애의 수준과 일할 줄 아는 능력이 고려된 가운데, 교회는 보호가 필요한 장애인 쪽을 맡은 것이다.

장애인들이 학교에서 일정한 과정을 이수하고 졸업해서 집으로 돌아간다는 말은 '집안에 처박혀 있다'는 말과 크게 다르지 않다. 다 큰 이 장애 청년은 백수로 집에만 있어야 한다. 취업은 머나먼 남의 이야기가 아니라 거의 불가능에 가깝다. 그들이 일을 하고, 그 일한 대가로 돈을 받는다는 것은 그들에게 살아가는 존재 의미를 느끼게 한다. 취업 이상의 의미를 가지는 셈이다.

홍정길 목사의 고민은 늘 이 시대에 필요한 교회의 모습에 있다. 그는 그것을 하나님 앞에서 묻고 또 듣는다.

2005년 11월, 일반 작업장에서 밀알보호작업장으로 탈바꿈한 교회 5층은 왁자지껄했다. 정신지체와 발달장애(자폐)를 가진 친구들 12명이 출근해 비누를 만들었다. 처음 만든 비누는 기념으로 각자 집으로 가져갔다. 그러나 그 뒤부터 그들이 만든 무공해 비누 '헵시바'는 주일예배가 끝난 후 교회 곳곳에서 성도들에게 인기리에 판매되었다.

남서울은혜교회 식구들은 밀알보호작업장을 위해 기도 외에도 많은 것을 보탰다. 교회 본당 5층을 개조하는 것은 물론이고 사무실과 작업장에서 사용할 집기들을 마련하는 것을 도와주었다. 비누 만드는 방법과 제품 포장 방법을 가르쳐 주었고, 점심 식사하는 것을 와서 거들었다. 홈페이지도 만들어 주고, 아이들과 함께 일하기도 했다. 또 일주일에 하루는 반나절 정도 특별 활동을 하면서 운동이나 취미 생활을 할 수 있도록 돕는 손길을 보탰다.

장애인들에게 일터가 얼마나 소중한 의미를 갖는지 누구보다 잘 알기에 교회 본당 5층을 밀알보호작업장으로 내놓았던 남서울은혜교회. 그러던 어느 날, 좋은 소식이 날아들었다. 2008년 11월, 강남구직업재활센터를 수탁하면서 밀알보호작업장이 보다 좋은 환경으로 옮겨진 것이다. 장애인 친구들은 거기서 지금도 열심히 비누를 만들고 있다.

나아가 남서울은혜교회의 장애인 사랑은 또 한 번 진화한다. 2009년, 강남구 직업재활센터와 연결되어 있는 부지 700여 평을

서울시로부터 수탁해 밀알굿윌작업장을 운영하게 된 것이다. 이 때부터 남서울은혜교회 사람들은 '굿윌(Good will) 사역' 그리고 '함께하는재단'이라는 단어를 '밀알학교'만큼이나 자주 듣게 된다. 그렇게 남서울은혜교회는 장애인과 함께하는 교회로서 다시 큰 걸음을 내디디며, 장애인 교육에서 나아가 장애인의 경제적 자립과 자활로 사랑의 영역을 확장하게 된 것이다.

굿윌이 뭐예요?

2011년 2월, '함께하는재단'이 출범했다. 남서울은혜교회가 전폭적으로 지원하는 함께하는재단은 장애인, 북한이탈주민, 다문화 가정 같은 사회 취약 계층이 일을 통해 진정한 사회적 자립의 꿈을 이루어 가면서 가치 있고 보람 있는 삶을 살도록 돕는다. 중점 사업은 한국굿윌스토어 사업, 공동생활 가정 사업, 한국 정착 지원 사업 등이다. 재단은 장애인의 학교 교육, 직업 교육에 이어 경제적 자립과 독립적 삶을 목표로 한다.

혼자 힘으로 살아가기 힘든 장애아동을 바라보는 부모의 마음은 한순간도 편치 않다. 일반 학교든 특수학교든 학교 공부를 마친 후에 어른이 되어 집으로 '복귀'하는 순간부터 부모 마음은 더 복잡해진다. 백수의 장애 청년이 집에서 그냥 소일하는 것을 지켜

보면서 또 한 번 깊은 절망의 수렁에 빠진다. 장애 청년에게 취업은 단순히 돈을 버는 것이 아니다. 일을 통해 사회에 적응하고 사람들과 함께 살아가는 방법을 터득하고 일의 보람과 가치를 느끼는 소중한 기회다. 문제는 그들에게 일자리가 없다는 것이다. 이렇게 경제적 자립의 기회가 주어지지 않은 그들에게 그 길을 열어 주기 위해 함께하는재단은 굿윌스토어 사업을 시작했다. 굿윌스토어 사업은 함께하는재단이 가장 의욕적으로 시작해 박차를 가하는 일이다.

홍정길 목사는 "장애인을 위한 최선의 것이 무엇일까 고민하며 선진국의 예를 둘러보기 위해 탐방을 다녀오기도 했다. 그러다 미국에서 알게 된 굿윌은 선진국의 여러 사업들 중 가장 우리 현실에 맞고 실천이 가능한 것이었다"고 사업의 의미를 설명했다.

굿윌 사업의 순환 고리는 모두가 참여할 수 있고, 그 참여의 힘이 장애인이나 북한이탈주민에게 자립의 길을 열어 준다는 데 있다. 원리는 매우 간단하다. 집집마다 한 번도 사용하지 않는 물품이 보통 20-30가지 정도 된다. 이것을 굿윌 스토어에 기증하는 것으로 참여는 시작된다. 누구나 할 수 있는 일이다. 이 물품이 누군가의 소중한 물건이 되기 위해, 먼저 그 물품을 '수거'하고 '손질'해서 매장에 '진열'하고 '판매'해야 한다. 수거에서 판매에 이르기까지, 그 모든 단계는 사람의 손을 거쳐야 한다. 그 인력을 장애인이 담당한다. 물건이 기증된 이후, 모든 과정은 장애인에게 하나의 일거리, 곧 업무가 된다. 수거하는 파트, 손질하는 파트, 진열하는 파트, 판매하는 파트 즉 4종류의 일처리를 하는 인력군이 필요한데, 그 모든 일을 장애인이 한다는 말이다. 기증부터 판매까지 각 과정에 참여해 일한 장애인은 그 대가로 월급을 받는다. 이것이 굿윌스토어다.

예를 들어 보자. 2012년 7월 한 달 동안 굿윌스토어 가든파이브점에는 의류와 잡화 7,891점이 기증되었다. 이 기증물품은 약 1,200만원의 매출을 낼 수 있다. 장애인 1명에게 100만 원의 급여를 줄 수 있다고 가정한다면, 1,200만원은 장애인 12명의 한 달 월급이 될 수 있다.

실제로 굿윌물류센터 장애인 직원 정정수는 이 월급으로 새로운 꿈과 계획을 가지게 되었다.

"물품을 수거하려고 서울 전체를 돌아다니다 보니까 전국 방방곡곡을 돌아다니는 기분입니다. 전에는 항상 한곳에서 같은 일만 했는데 이제는 밖으로 돌아다니며 일할 수 있어서 참 좋습니다. 굿윌에서 일하면서 고객에게 인사하는 법도 배우고 물건 분류하는 일도 배우고 안전하게 일하는 법도 배웠습니다. 기증해 주신 물품을 소중하게 다루는 법도 배웠습니다. 열심히 일해서 월급도 더 많이 받을 것입니다. 엄마, 아빠, 동생 생일 선물도 사 주고 부모님 결혼기념일에 선물도 사 드릴 겁니다."

굿윌스토어는 비단 장애인에게만 유익한 것은 아니다. 경제적으로 여유가 없다면 굿윌스토어에서 필요한 물건을 저렴하게 구입할 수 있다. 굿윌스토어에 물품을 기증하는 것도, 물품을 구입하는 것도 모두 장애인을 돕는 일이다. 어디 그뿐인가. 물품의 재사용으로 환경 문제에도 기여한다.

함께하는재단의 사업들

굿윌 사업은 미국에서 시작되었다. 1902년 감리교 에드거 헬름스(Edger J. Helms) 목사가 보스턴에 온 이민자들과 가난한 이들에게 기증 물품을 수선해 저렴한 가격에 판매하는 일자리를 제공한 것이 굿윌의 시작이다. 1998년에는 굿윌 글로벌(Goodwill Global, Inc.)이 탄생해 전 세계 장애인과 사회적 취약 계층에게 취업 기회를 제공하기 시작했다. 현재 이 비영리 사회적기업 모델은 미국, 캐나다 등 13개국에서 2,400여 개의 스토어를 운영하며 연 매출 4조 원에 10만 개의 일자리를 제공하고 있다.

한국 굿윌은 2003년 강영우 박사의 소개와 부산 호산나교회의 후원으로 1호점이 부산에 문을 열었다. 그 뒤 수원, 목동, 송파, 가든파이브 등 총 6개 매장에서 약 120여 명에 가까운 장애인에게 일자리를 마련해 줌으로써 그들의 자립에 일조하고 있다. 그러던 중 2011년 7월 함께하는재단이 굿윌인터내셔널과 한국 내 굿윌

1902년에 설립되어 전 세계 장애인과 사회적 취약 계층에게 취업 기회를 제공하고 있는 굿윌. 1968년 유명한 기업 로고 전문제작자인 요셉 슬레임이 디자인한 굿윌의 로고 '스마일링 G'

라이센스 계약을 체결함으로써 새로운 출발점에 섰다. 함께하는 재단 설립으로 굿윌 사업은 더욱 힘을 얻어, 전국 100호점 이상의 굿윌스토어를 내고, 이를 통해 장애인 3,000명과 사회적 취약 계층 1,000명 이상에게 안정된 일자리와 월급을 제공한다는 목표로 뛰고 있다.

그들의 역동적인 움직임은 여기저기서 감지된다. 밀알아트센터 입구 한쪽에 있는 굿윌스토어 기증함은 참여의 증거다. 조용히 소리 없이 물품을 기증하며 장애인에게 기회를 주는 씨앗을 만들고 있다. 남서울은혜교회는 물품 기증으로, 후원으로, 자원봉사로 굿윌 사업의 가장 적극적인 후원자다.

2011년 12월 1일 오픈한 함께하는재단의 직영점 가든파이브점은 한국 굿윌 최초로 브랜드 및 애장품을 기증받아, 브랜드숍과 갤러리숍을 운영 중이다. 2012년 4월부터 함께하는재단에 들어온 굿윌스토어 양천점은 장애인 근로자 2명, 탈북민 근로자 2명 등 총 6명이 함께 일하고 있다. 기업의 참여도 늘어나서 이마트와 협력 방안도 순조롭게 진행 중이다. 죽전, 가양, 산본 이마트에 기증함을 설치해 기증품 수거를 시작했고, 이는 전국으로 확대될 예정이다.

함께하는재단은 또 다른 중요한 숙제 두 가지를 안고 있다. 장애인들이 함께 생활하는 그룹홈인 '장애인 공동생활 가정 서비스'와, 북한 이탈 주민과 다문화 가정의 직업 교육과 취업을 돕는 '한국 정착 지원 서비스'다. 아직은 미약한 시작 단계다.

홍정길 목사는 밀알학교를 졸업한 장애인들의 자립과 자활의 길을 끊임없이 모색해 왔다. 그 고민 끝에 내놓은 답이 그룹홈이다. 그는 지적, 자폐성 장애인 자녀를 둔 부모들이 자신보다 자녀가 일찍 세상을 떠나게 해달라는 슬픈 기도를 잘 알고 있었다. 하지만 그것은 사람이 정할 수 없는 일이다. 언젠가 장애인들도 부모 없이 살아가야 할 날을 맞는다. 그래서 그날을 준비하도록 도와주는 것은 중요한 과제다. 밀알학교에서 공부만 가르치는 것으로 끝내지 않고 독립적으로 살아가도록 방안을 마련해 주자는 생각에서 그룹홈은 만들어졌다. 시설이 아닌 집에서 일상생활을 하는 것처럼 살아가는, 그야말로 '홈'을 지향한다.

현재 그룹홈은 사랑의집, 소망의집 두 곳이 운영 중이다. 여기서 생활하는 장애인은 모두 7명. 지도와 훈련, 관리는 최소한 시켜서 장애인 스스로 일하고 생활하는 것을 전제로 운영하고 있다.

사회적 취약 계층의 한국 정착 지원 서비스는 취업 교육, 치유, 상담, 고용 알선, 사후 관리까지 안정된 한국 생활 정착을 지원한다. 2012년 1월 현재 총 12기가 교육을 받고 배출되었으며, 수료 인원은 152명이다.

함께하는재단의 목표와 가치는 "함께 일하고 함께 살자!(Work together, Live together!)"다. 굿윌스토어의 간판은 이렇게 선언한다. "자선이 아닌 기회로!"

남서울은혜교회는 수시로 함께하는재단과 굿윌 사역에 동참한다. 쓸 만한 물건을 기증하고 후원금을 기부하고, 굿윌스토어에 나가 자원봉사를 하는 것으로. 재단 후원금을 모금하는 바자회를 수시로 열고, 후원을 독려하는 음악회를 개최하며 관심과 기부를 촉구한다. 장애인, 탈북자들, 다문화가정은 우리와 함께 일하고 함께 살아가는 존재들이기 때문이다.
　홍정길 목사의 의미 있는 독려는 오늘도 계속된다.
　"우리가 이 사업으로 이 땅의 장애인과 소외계층의 문제를 다 해결할 수는 없습니다. 다만 우리 손에 있는 오병이어를 주님께 드릴 수 있을 뿐입니다. 그러면 주님께서 그것을 받으시고, 필요한 사람들에게 필요한 만큼을 나누는 축복을 이루실 것입니다"(《은혜나눔터》 2010년 1월호).

우리에게 온
기적

아마 남서울은혜교회 사람들에게 밀알학교 이야기를 들려 달라고 하면 다들 2박 3일 동안 그칠 줄 모르고 그 시절을 회상할 것이다. 이야기가 꼬리에 꼬리를 물고 쏟아져 나올 것이다. 일의 시작이 얼마나 어려웠는지, 갈피갈피 사연과 곡절이 얼마나 많은지, 그리고 끝내는 감사와 기쁨의 눈물을 얼마나 흘렸는지 모른다. 결국 해피 엔딩으로 끝난 밀알학교 이야기의 핵심 키워드는 '하나님의 은혜'라는 데 누구도 이의를 달지 않을 것이다. 그래서 밀알학교는 은혜이자 기적이고 하나님의 임재다.

장애아동을 돕는 선한 일이라면 계획부터 실행까지 순탄해야 마땅하다. 사회적으로 가장 약자인 그들을 위한다는데 누가 브레이크를 건단 말인가? 주무관청은 두 팔 걷어붙이고 협조하고, 주변 사람들은 뭐라도 도와주기 위해 할 일을 찾아야 한다. 하지만 이 땅에서의 일들은 그렇게 순진하지 않다.

밀알학교가 1994년 학교 계획 설립서를 제출해 승인을 받고 1997년 7월 준공하기까지 꼬박 3년이 걸렸다. 주무관청은 협조는커녕 주민들 눈치 보기에 급급했고, 지역 주민들은 소송까지 제기하며 밀알학교를 혐오 시설로 몰아붙여 그 지역에 들어서는 것을 결사반대했다.

20년이 지난 지금, 밀알학교 덕분에 강남구 일원로 90번지 일대는 완전히 달라졌다. 지역 주민들은 밀알학교에서 연중 365일 열려 있는 미술관, 음악홀, 베이커리, 커피숍에 들러 바쁜 일상을 한 템포 쉬어 가거나 학교에서 장애 아동을 돌보는 자원봉사를 한다. 강남구청은 밀알학교가 속한 밀알복지재단에 강남구 직업재활센터를 맡길 정도로 서로 협조하며 밀도 있는 동역 관계를 유지하고 있다.

발달장애아들이 전혀 부족함 없이 교육을 받을 수 있는 특수학교를 건립해 헌납한 남서울은혜교회. 그렇게 교회는 지역사회와 사회 소외 계층을 얼마나 사랑하는지 가장 구체적으로, 가장 실천적으로 보여 주었다. 기도가 낳은 기적, 사랑이 낳은 승리, 헌신으로 만들어진 최고가 그곳에 있다.

부도덕한 반대는 이기지 못한다

따지고 보면, 밀알학교의 모태는 홍정길 목사가 남서울은혜교회 전에 시무했던 남서울교회로 거슬러 올라간다. 1992년 남서울교회는 장기 발전 계획의 일환으로 일원동에 있는 중동고등학교 강당을 빌려 남서울중동교회를 창립했다. 꼭 20년 전의 일이다. 강당에서 예배를 드리던 중, 재정난에 허덕이던 중동고등학교는 교회 측에 학교 인수를 제안했고, 남서울교회는 지역사회를 섬길 수 있는 좋은 기회이자 학교 공간을 교회로 이용하는 효율적인 방안으로 생각하고 이를 적극적으로 검토했다. 성도들은 기도와 헌금으로 학교 인수에 힘을 실었다.

브레이크는 엉뚱한 데서 걸렸다. 계약금까지 지불한 시점에서 중동학교 동문들은 모교가 기독교 학교가 되는 것을 적극 반대했고, 결국 최종 인수자는 동문들 추천에 의해 삼성전자로 결정되었다. 충분히 이의를 제기할 수 있는 상황이었지만, 남서울은혜교회는 미련 없이 중동고 인수를 포기했다.

그때 남서울은혜교회에 다니던 성도 중에 자폐아를 둔 어느 부모가 홍정길 목사에게 자폐아가 다닐 수 있는 특수학교를 세워 달라고 간청했다. 이미 그전부터 홍 목사는 자폐아 부모들이 겪는 마음의 고통을 잘 알고 있던 터였다. 중동학원 사태를 겪으면서 남서울은혜교회는 일반 학교 설립을 포기하고 특수학교 설립이라는 가시밭길을 선택해 일을 추진하게 되었다. 그리고 단독으로 법인을 설립해 학교를 세우는 것보다는 밀알복지재단과 연합해 학교를 설립하기로 합의했다. 지역사회와 복지기관의 연합이라는 또 하나의 좋은 모델이 제시된 순간이었다.

곧 강남구 일원동 3천여 평의 학교 부지를 남서울교회의 후원금 31억 7천만 원으로 매입했다. 강남구청에 건축허가 서류를 제출했으나 구청장은 지역 주민의 의견을 고려해야 한다며 즉시 반려했다. 그때부터 주민들의 반대는 서서히 수면 위로 올라왔다. 절망적인 상황이 이어졌다. 홍정길 목사와 교회 대표들은 구청장에게 주민들의 표를 의식하기보다는 약자의 권익을 생각하라고 항의와 설득을 계속했다. 하지만 구청장은 막무가내였다.

그때 돌연 학교 건축법이 개정되었다. 학교의 건축 허가권자가 지방자치단체장이 아닌 시도 교육청 교육감으로 변경된 것이다. 기적이었다. 교육청이 학교 설립을 허가하고 건축 허가를 내주지 않는 건 말이 안 되기 때문이다. 하지만 주민들 반대가 워낙 거셌던 까닭에 교육청도 긴장할 수밖에 없었다. 교육청은 주민들 반대를 감안해 규모의 축소, 건물 위치의 변경 등을 골자로 설계를 변경해 다시 건축 허가 서류를 제출하라고 요구했다.

하지만 그 과정은 결과적으로 밀알학교에 더 유익했다. 건축비 부담을 덜고, 건물 이용이 훨씬 더 편해졌기 때문이다. 밀알학교를 세우기 위해 건축 허가권자를 바꾸시고, 더 좋은 학교 환경을 만들기 위해 허가권자를 움직여 설계를 변경하기까지 하신 하나님의 역사하심이 거기 있었다. 남서울은혜교회 사람들은 이 일이 하나님이 남서울은혜교회에 맡기신 일임을 더욱 확신하게 되었다.

그러나 1996년 1월 15일 현장에서의 기공예배는 무산되고 말았다. 주민들이 몽둥이를 들고 나와 기공예배를 준비하던 현장 직원들을 폭행하려고 위협했던 것이다. 결국 기공예배는 저녁에 장소를 바꾼 가운데 비통한 마음으로 드려야 했다. 기공예배를 드렸지만 날짜가 지나도 주민의 격렬한 반대가 가라앉지 않아 공사는 전혀 진행될 수 없었다.

그때 하나님은 천사 같은 해결사를 보내 주셨다. 또 한 번의 기적이 나타난 것이다. 북미에서 열린 유학생수련회(KOSTA)에서 영적으로 큰 도움을 받았던 김주영 변호사가 국내 로펌에 복직하기 전에 3개월 휴가를 얻었는데, 그 즈음 밀알학교 소식을 접한 것이다. 그는 발 벗고 이 일에 뛰어들었다. 석 달 내내 매일 출근해 주민들 반대를 합법적으로 저지하는 공사방해중지가처분 소송을 제기했다. 법원은 남서울은혜교회에 손을 들어 주었다.

밀알복지재단 상임이사인 정형석 목사는 소송 결과를 이렇게 술회한다.

"신속하게 진행된 민사합의 50부는 2월 21일 공사방해중지가처분 신청을 받아들인다는 역사적인 판결을 내렸다. 판결문을 보면 이례적으로 주민들 방해는 어떠한 이유로도 정당화될 수 없고

도덕적으로 비난받아 마땅하다고 기록되어 있다. 이 판결은 장애인복지에 있어서 역사적 전환점이 될 정도로 복지 역사에 길이 기억될 의미 있는 사건이었다. 신문과 방송들은 이 판결을 매우 중요한 뉴스로 보도했다. 주요 일간지들은 대부분 사설에서도 이 문제를 다루었다. … 홍 목사님은 교회에서 앞장서면 주민들에게 빌미를 제공할 수 있으므로 뒤에서 돕겠다면서 우리 밀알 직원들을 열심히 격려하셨다. 주민들이 밀알학교는 특수학교를 가장한 교회이므로 반대한다는 논리를 세워 전략적인 반대를 할 때 만약 교회가 문제가 된다면 학교에서 교회를 하지 않겠다고 밀알학교의 건축의 당위성과 순수성을 말씀하셨다. 이러한 도덕적 우위가 지역 이기주의를 완전하게 극복할 수 있었다고 생각한다"(《동행》, 238-239쪽).

건축이 시작되자 일부 주민들은 건축 현장에 나와 욕설과 폭력을 행사했다. 주민 대표들은 남서울은혜교회로 찾아와 홍정길 목사의 멱살을 잡고 욕설을 퍼붓기도 했다. 시공사 측은 주민에게 주의를 주고 공사 지연에 대한 손해배상을 청구하기 위해 주민대표의 재산을 가압류했다. 재산권에 대한 압력 행사로 주민과 합의하려는 전략이었다. 그러나 홍정길 목사는 앞으로 이웃으로 함께 살아가야 할 대상에게 고통을 주어서는 안 된다면서 고소를 취하하고 가압류도 해제하도록 했다.

기적으로 정산된 건축비

남서울은혜교회 식구들의 건축비 동참이 헌신적으로 이어졌으나 여전히 많이 부족했다. 먼저 홍정길 목사가 남서울교회 퇴직금 약 2억 원과 적금 전액, 부모에게 받은 유산까지도 모두 헌금했다. 성도들도 헌금에 적극 동참했다. 1996년 3월에는 밀알특수학교 건립모금운동위원회가 발족했다. 뜻을 가진 크고 작은 후원금이 답지했다. 한 청각장애인는 신장을 기증하고 국가로부터 받은 요양비 100만 원을 내놓았다. 남서울은혜교회 전도사는 신혼 패물을 전부 헌금했다. 한 고등학생은 경시대회 우승 상금을 기부했다. 여기저기서 부의금을, 유산을, 해외여행 경비를 선뜻 내놓았다. 감동적인 헌금이 줄을 이었다.

주민들의 결사반대는 힘겨운 일이었지만, 뜻하지 않게 사회적으로 밀알학교에 대한 관심을 불러일으키는 도화선이 되었다. 주민들의 반대를 보면서 이 학교가 꼭 지어져야 한다고 생각하는 여러 사람들과 단체들이 적극적으로 동참했다.

1997년 7월, 밀알학교가 드디어 완성되었다. 이미 3월에 개교한 밀알학교 학생들은 남서울은혜교회 예배당을 교육 공간으로 사용하다가, 드디어 새 학교로 돌아왔다. 학교는 완공되었지만 공사비는 완전히 지불하지 못한 상태였다. 남서울은혜교회는 고민하다가 교육부에 건축비 지원을 요청했다. 교육부 쪽에서는 사립

학교가 건축비를 요청하는 것은 적절하지 않다며 부정적인 태도를 보였다. 지원 요청을 위한 설득과 불가 방침으로 교육부와 의견 대립이 지속되었다. 결국은 교육부장관이 이 사실을 알게 되어 3억 원 지원이 결정되었으나, 곧이어 장관이 경질되는 사태가 벌어져 그나마도 흐지부지 되고 말았다.

그런데 여기서 남서울은혜교회는 또 한 번 기적을 경험한다. 새로 부임한 이명현 교육부장관이 공사비 잔액으로 요청한 22억 2,400만원을 전액 지원하라고 결정내린 것이다. 신임장관이 부임한 후 다시 서류를 제출하라는 통보를 받은 교회에서는 어찌 되든 공사비 잔액을 전부 요청했고, 정부가 우선적으로 해야 할 일이 사회적 약자를 섬기는 일이라는 철학을 갖고 있던 이 장관은 정의를 실천한다는 생각으로 전액 지원 결정을 내렸던 것이다. 이로써 공사비 잔액은 깨끗이 해결되었다.

남서울은혜교회는 이 기적 앞에서 다시 한 번 하나님의 은혜를 느꼈다. 그로부터 일주일 후 IMF 경제 위기가 닥쳐 이전과는 상황이 완전히 달라졌기 때문이다. 그 시점에 공사비 문제가 해결되지 않았다면 건설사나 교회 양쪽 모두 큰 곤란을 겪었을 게 뻔했다.

남서울은혜교회가 지금까지 밀알학교를 위해 헌금한 금액은 250억 원 이상이다. 그만 한 금액이면 4천 명 이상 성도들이 번듯하고 쾌적한 공간에서 예배드리고도 남지만, 남서울은혜교회는 편하고 쉬운 길을 깨끗이 포기하고 밀알학교 아이들과 함께하는 공간을 선택했다. 주일마다 체육관과 아트리움에서 수백 개의 의자를 펴고 접느라 구슬땀을 흘리면서도 말이다.

밀알학교가 완공된 지 4년 만인 2001년 남서울은혜교회는 밀알컴플렉스 건물을 추가로 건축했다. 장애인을 위한 특수학교를 짓는다는 생각이 앞서 학교 짓는 일에 뛰어들었지만, 막상 공간을 사용하고 보니 여러 아쉬운 점이 눈에 띄고 공간 또한 부족했다. 밀알컴플렉스는 강당, 체육관, 음악홀과 미술관, 카페와 빵집이 어우러진 공간으로 탄생해, 장애아동들과 지역 주민, 남서울은혜교회 식구들 모두에게 유용한 공간으로 자리 잡았다.

밀알학교의 화룡점정

밀알학교는 건축 대상을 받을 정도로 탁월한 건축물이다. 별관 지하 2층에 자리한 '세라믹팔레스홀'은 밀알학교에서 화룡점정과 같다. 이 음악홀은 중국이 자랑하는 세계적인 도예가 주락경 선생의 도자 작품으로 내외부가 장식되어 있다. 그는 최고의 헌신으로 작품을 완성해 밀알학교에 기증했다. 아무도 그에게 작품을 부탁하지 않았는데, 밀알학교를 돌아보던 중 음악홀 외부에 그림을 걸 계획이라는 말을 듣고 자신의 작품을 걸고 싶다고 그가 제안했다. 남서울은혜교회는 세계 최고 작가의 도자 작품을 주문 제작할 만큼 경제적 능력이 없다고 했더니, 그는 흙 값만 부담하면 자신이 작품을 만들어 기증하겠다고 말했다.

음악홀 주변 벽에는 주락경 선생의 작품 9점도 함께 전시되어 있다. 흘러가는 물 같기도 하고 자연을 응축한 돌 같기도 한 작품들은 저마다 다양한 소재와 화려한 색감으로 구성되어 있다. 주락경 선생은 〈가을 열매〉, 〈빛〉, 〈대화〉, 〈흐르는 물〉 등 도자 작품 9점을 거쳐 세라믹팔레스홀 외부 벽에 자리할 〈생명의 빛〉 구상을 완성했다. 그리고 〈생명의 빛〉이라는 수만 송이의 꽃으로 이루어진 대형 도자 작품이 가로 18미터, 세로 10미터 크기의 음악홀 입구 벽을 채웠다.

주락경 선생은 〈생명의 빛〉을 완성하기 위해 3년 시간을 고스란히 바쳤다. 중국 상해에서 비행기로 2시간은 가야 하는 경덕진에 작업 공간과 가마를 두고 수시로 그곳을 오갔다. 그는 이 작품에 몰두하기 위해 교수직을 그만두었고, 고된 가마 일로 인해 동공에 화상을 입을 정도로 혼신의 힘을 기울였다.

〈생명의 빛〉은 수만 송이의 크고 작은 꽃들로 보인다. 꽃의 크기나 벌어진 모양은 제각각이고 꽃의 높이도 전부 다르다. 앞에서 보면 여러 생명이 일제히 분출하는 것 같고, 아래서 올려다보면 춤추듯 흘러가는 것처럼 느껴진다. 또 다른 각도에서 보면 저마다 다른 모양의 생명이 입을 모아 노래하는 것 같기도 하다. 홍정길 목사는, 작가의 혼이 실린 〈생명의 빛〉이야말로 하나님이 밀알학

교 장애아동들에게 주신 가장 귀한 선물 중의 선물이라고 말한다.

이 거대한 작품은 작가의 두 번째 작품이다. 첫 번째 작품을 완성했을 때 작가는 미련 없이 모두 부숴 버렸다. 작품은 수십 개의 판 위에 꽃들을 얹어서 판과 판을 연결한 구조인데, 막상 모든 판을 완성하고 보니 굽는 과정에서 판과 꽃이 축소되어 판을 빈틈없이 연결하기 위해서는 꽃을 잘라 내야 하는 상황이 벌어진 것이다. 작품 크기가 워낙 커서 오차를 감안하는 것이 거의 불가능했다. 작가는 작품 완성도를 위해 첫 번째 만든 작품을 모두 폐기하고 새로 작업에 들어갔다. 그동안 들인 시간과 공력을 생각하면 쉽게 내릴 수 없는 결단이었지만, 작가는 작가다운 용단을 내렸다. 두 번째 작품에서 작가는 화려한 색을 버리고 무채색을 선택해 더욱 한국적인 느낌이 물씬 났다. 밀알학교에 이 어마어마한 작품이 모두 도착했을 때 총 무게는 100톤 가량이었다.

음악홀 내부에도 주락경 선생의 도자 작품이 설치되어 있다. 주락경 선생은 국내 최고의 음향 연구 전문가인 한양대 전진용 교수(건축공학부)와 협력하며 최고의 음향 효과를 낼 수 있는 방안을 찾았다. 뒷면에 붙인 도자 덕분에 음향이 훨씬 좋다는 것을 알고 내부 전체를 은은하고 짙은 노란색 계열의 도자로 장식했다. 도자기 재료로 만들어진 내부 장식은 예술적으로도 아름답지만, 소리의 반사 효과도 뛰어났다. 〈경향신문〉 이용은 미술 기자는 "이보다 더 아름다운 건축과 도자기 예술의 만남, 시간 예술과 공간 예술의 만남은 없다. 눈으로 듣고 귀로 보며 눈과 귀가 모두 만족한다. 이는 건축과 도자기 예술, 그리고 음향 설계의 새롭고 기이한 인연이다"(2002년 11월 26일자)라고 평가했다.

〈생명의 빛〉은 밀알학교에서 가장 빛나는 보석 같다. 어렵게 세워진 밀알학교는 발달장애아들에게는 꿈의 학교다. 그 안에 깃든 아름다운 세라믹팔레스홀은 학생들을 위해 주신 하나님의 선물이다. 여러 사람들의 아름다운 마음과 헌신이 하나 되어 살아 있는 곳, 남서울은혜교회는 정말 장애인와 함께하는 교회가 맞다.

길을 노래한 시인의 목소리가 생각난다.

"얼마나 오래 발소리가 쌓여야 발자국이 되고 얼마나 많은 발자국이 쌓여야 조붓한 길이 되는지"(안도현, 〈문경 옛길〉 중에서).

발소리가 발자국이 되고 발자국이 모여 길을 만들 듯, 남서울은혜교회가 장애인와 함께한 20년의 오랜 발소리는 한국 사회에 장애인 복지를 확장하는 발자국이 되어 길을 만들고 있다.

세계적인 도예가 주락경 선생의 가로 18미터, 세로 10미터의 대작 〈생명의 빛〉. 홍정길 목사는 작가의 혼이 실린 〈생명의 빛〉이야말로 하나님이 밀알학교 장애아동들에게 주신 가장 귀한 선물 중의 하나라고 말한다(앞 페이지).

5부

이웃, 복음, 그리고 통일

홍정길 목사는 교회 일을 살뜰하게 챙기는 스타일은 아니다. 동역자들과 성도들이 알아서 잘하고 있다고 믿는다. 그렇지만 남서울은혜교회 식구들은 거기에 불만을 가지고 있지 않다. 집안의 고장 난 전등을 고쳐 주지 않는다고 해서 큰일을 하며 동분서주하는 아버지에게 툴툴거리지 않는 것과 같다. 그들은 홍정길 목사가 복음과 민족의 장래를 생각하며 사역한다는 것을 잘 안다. 나아가 홍 목사의 사역이 가지는 의미를 누구보다 잘 알기에 사역의 기쁨과 부담도 함께 나눈다.

40년 이상 홍정길 목사와 사역의 동지로 우정을 쌓아 온 이동원 목사(지구촌교회 원로목사)는 말한다. "홍 목사님은 계속 외부 일을 벌이시는데, 이것이 섬기시는 본 교회를 위한 건 아닌 것 같아요. 본 교회를 위해서라면 본 교회에만 집중하는 것이 더 도움이 되겠지만, 홍 목사님은 하나님나라라는 큰 목적을 위해 어떤 프로젝트가 도움이 되겠다고 생각하면 그 책임을 기꺼이 감당합니다"(《동행》, 21쪽).

홍정길 목사와 남서울은혜교회는 이름이 다른 한몸과 같다. 남서울은혜교회는 홍 목사의 모든 사역에서 가장 든든한 후원자이자 지지자다. 홍 목사는 그 후원과 지지 아래 혼자 할 수 없는 일, 혼자 해서는 안 되는 일에 여러 교회와 기관이 함께 사역하도록 참여를 이끌어 냈다. 홍정길 목사와 남서울은혜교회가 중심에 서서 연합과 참여를 이끌어 내며 희망의 불씨를 지펴 온 사역들이 여럿 있다. 코스타(국제복음주의 학생 연합회, KOrean STudents All Nations, 약칭은 KOSTA 혹은 코스타), 선교 기관 사역, 통일 사역 등이 대표적인 사역이다.

코스타, 미래를 품는 선교 사역

조용한 시작

2003년 시카고 코스타 현장. 강사로 무대에 선 어느 목사님이 말씀을 시작했다.

"유학 온 지 1-2년차 되신 분, 손들어 보세요!(여기저기서 손이 올라간다) 이분들은 정말 절실히 주님이 필요한 분들입니다. 아실 거예요, 무슨 말인지(웃음이 번진다). 그럼, 이제 3-5년차 되신 분! 이제 유학 생활이 좀 할 만하다 싶어지셨죠? 이제 슬슬 주님을 떠나기 시작하는 시기입니다. 무슨 말인지 아시죠? 그러니 이분들은 정말 주님이 필요한 분들입니다(와르르 웃음이 터지기 시작한다). 그러면 유학 온 지 6년 이상 된 분, 손들어 보세요! 이분들이야말로 정말 주님이 필요한 분들입니다. 유학 생활이 언제 끝날까, 과연 한국에 돌아갈 수는 있을까. 직업은 구할 수 있을까. 정말 걱정이 많은 분들입니다. 주님이 얼마나 간절하게 필요한지, 말 안 해도 다들 아실 겁니다(장내는 웃음바다)."

미국 유학 10년 경험을 가진 강사는 유학생에게 얼마나 주님이 필요한지 짧고 굵은 웃음으로 짚어 낸다. 속내를 들킨 것 같은 유학생들이 터트린 공감의 웃음 너머에는 그들의 영적인 갈급함이 숨어 있다. 유학 생활에 치여 심신이 바닥으로 떨어진 이들, 주님을 알고 있으나 영적 침체로 허우적대는 이들이 코스타에서 주님을 영접하거나 말씀의 갈급함을 해소하고 새롭고 변화된 삶을 결단한다. 세계 곳곳에서 27년째 계속되어 온 사역이다.

지금이야 코스타를 모르는 사람이 없을 정도로 널리 알려졌지만, 처음에는 코스타가 이렇게 전 세계적인 신앙 운동이 되리라고는 아무도 예상하지 못했다.

1980년 초, 미국 유학을 떠나는 한 유학생 부부에게 홍정길 목사는 유학 가서도 계속 성경공부를 하라고 권면했다. 그는 목사님이 1년에 한 번, 일주일만 와 주신다면 그리 하겠노라고 대답했다. 홍 목사는 한 영혼의 갈급한 요청을 외면하지 않았다. 미국까지 달려가 보스턴 MIT 공대 이스트 게이트 학생 기숙사에서 성경공부를 시작한 것이다. 영적으로 메마르기 쉬운 유학 생활 중에 단비 같은 말씀이 그리웠던 이들이 모여 성경을 공부한 것이 코스타의 작은 씨앗이었다.

1983년 홍 목사는 노스캐롤라이나 더햄에서 안식년을 가지는 동안 노스캐롤라이나 대학에 다니는 한국 학생들의 요청으로 성경공부를 같이 했다. 그랬더니 이번에는 거기서 1시간 30분 정도 떨어진 듀크 대학 학생들도 성경공부를 요청했다. 결국 홍 목사는 두 곳에서 성경공부를 인도했다. 1985년, 급기야 홍 목사는 2주를 작정하고 보스턴과 노스캐롤라이나에서 유학생 성경공부를 인도했다. 하지만 혼자 소화하기엔 아무래도 벅찬 일정이었다.

홍정길 목사는 워싱턴 제일한인침례교회를 섬기던 이동원 목사에게 이 두 팀의 성경공부를 지원해 줄 것을 요청했다. 이동원 목사는 본 교회에 유학생 성경공부회(유성회)가 있으니 이들과 함께 한다면 해볼 수 있겠노라고 응답했다.

이렇게 MIT와 하버드 유학생 중심의 게이트 바이블 스터디 팀, 이동원 목사의 워싱턴 제일한인침례교회 유성회, 그리고 노스캐롤라이나 더햄 성경공부 팀의 첫 연합 수련회가 열렸다. 그 집회가 바로 코스타의 모태다. 1986년, 첫 번째 코스타는 "우리는 어디로"라는 주제로 사실상 북미 유학생 연합수련회 형식으로 열렸고, 소문을 듣고 찾아온 유학생들까지 200여 명이 모여 뜨거운 은혜의 시간을 누렸다.

세계 도처의 젊은이들에게 영적 각성의 자리를 마련하고 있는 코스타는 1986년에 시작되어 지금은 전 세계 28개국에서 2만여 유학생들이 모이고 있다. 사진은 2011년 유럽 KOSTA

그때는 코스타라는 이름이 아닌, 그저 유학생들의 소박한 연합 수련회였다. 가난하고 외로운 유학생활을 영적으로 충전하고 살아갈 힘을 내보려는 유학생들이 말씀의 은혜로 충만해지는 시간이었다. 집회가 끝나 갈 무렵 학생들은 '이듬해에도' 만나기를 간절히 원했다. 그 기약이 실현된 것이 바로 코스타(KOrean STudent in America)다.

두 번째 코스타가 열린 1987년 6월, 한국은 현대사에서 가장 뜨거운 여름을 보내고 있었다. 대학생들은 분신과 투신으로 전두환 군부독재에 거세게 저항했고, 정국은 한치 앞을 내다볼 수 없는 참담한 상황이었다. 홍정길 목사는 무거운 마음으로 두 번째 코스타에 참가했다. 조국의 암담한 현실을 이역만리 타국에서 듣고 있던 유학생들 또한 마음이 편치 않았다.

홍 목사는 두 번째 코스타를 이렇게 회고한다.

"그해 주제는 '누가 이때를 위하여'였고, 우리는 주로 '복음과 민족의 역사'를 이야기했습니다. 시간마다 부어 주시는 은혜에 감격하면서도, 집회가 끝나면 조국의 참담한 현실을 하나님의 보좌 앞에 내어놓고 잠도 자지 않은 채 애통해 하며 기도했습니다. 6월 10일 경, 집회를 마치고 서울에 돌아왔습니다. 분위기는 더욱 흉흉해졌습니다. 하나님께서 우리의 기도를 들으셨고, 6·29민주화 선언이 있었습니다. 직선제를 통한 선거 혁명이 일어났습니다. 우리가 뽑은 사람이 대통령이 되는 직접선거의 길이 열렸습니다. 지금도 저는 이역만리 유학생들이 눈물 흘리며 드린 기도를 하나님께서 들으셨다고 믿습니다"(《은혜나눔터》 2005년 9월호).

헌신은 다시 헌신을 낳고

믿지 않는 학생이 복음을 듣고 회개하는 모습, 그 모습을 지켜보며 기쁨의 눈물을 흘리는 친구들, 그동안의 삶을 돌아보며 회개의 시간을 갖는 유학생들, 새로운 결단과 헌신을 고백하는 학생들. 코스타 현장에서 흔히 볼 수 있는 풍경이다. 유학생들 사이에서는 영적으로 헤매며 어깨가 축 처진 친구에게 "제대로 믿으려면 코스타에 다녀오라"는 말이 비책처럼 통한다. 코스타의 열기는 해를 거듭할수록 뜨거워져 갔다.

27년 역사를 가진 코스타는 이제 세계 도처에서 젊은이들의 가슴에 복음을 심어 하나님 안에서 미래를 꿈꾸게 하는 부흥의 현장이다. 현재 전 세계 28개국에서 2만여 유학생이 모인다. 이름도 달라졌다. 처음에는 코스타(KOrean STudent in America)였지만, 이제 공식 명칭은 '국제복음주의 학생 연합회'로, 영문 명칭은 'KOrean STudent All Nations'이다. 미국에서 시작된 코스타가 전 세계로 뻗어 나간 것이다. 이 은혜의 자리에서 예수 그리스도를 만나 새롭게 변화되고, 하나님의 부르심에 응답하고 결단하는 일이 수백 수천 명의 유학생들 삶에 일어나고 있다. 코스타는 세계 교회가 인정하는 한국 교회만의 독특한 모델로 손꼽힌다. 코스타는 교단, 교파, 목회자, 평신도를 초월한다. 오직 '연합'만 있을 뿐이다.

그 중심에 코스타를 창립하고 27년 동안 코스타 국제이사회 일원으로 일해 온 남서울은혜교회 홍정길 원로목사가 있다. 그는 코스타의 성장과 힘을 이렇게 강조한다.

"생각해 보면 단순히 시작된 모임이었습니다. 그러나 주님께서 이 일을 시작하셨고, 주님께서 이 모임에 생명력을 불어넣어 주셔서 해가 거듭될수록 복음과 그 영광스러움 앞에 수많은 사람들이 모이게 되었습니다. 생명력이 있기 때문에 생명은 계속 자랍니다. … '생명'은 자랍니다. '죽음'은 생명의 정지를 의미합니다. 해마다 자라는 코스타를 보면서, 과연 나의 생명은 자라고 있는가, 내 마음속 주님의 형상은 날마다 아름답게 이루어지고 있는가를 살피게 됩니다."

이동원 목사와 처음부터 이 사역을 함께 시작한 홍정길 목사는 한국 교회의 여러 목회자와 평신도들에게 함께하기를 독려했다. 코스타는 영향력 있는 목회자와 강사들, 가령 고 하용조 목사, 고 옥한흠 목사, 이만열 교수, 손봉호 교수, 고 김인수 장로 등 당대 최고의 강사진들을 세웠다. 한국에서 쉽게 만나기 힘든 탁월한 강사들이 한자리에 모이는 흔치 않은 기회다.

현재 세계 각지에서 코스타에 강사로 서는 이들이 대략 300여 명이다. 코스타에 올 때만큼은 그들 모두 자원봉사자가 된다. 그것이 코스타를 타 수련회와 확연히 구별되게 만드는 것 중에 하나다. 강사들은 항공권도 자기 지갑을 열어 구입하고, 사례비도 전혀 받지 않고, 숙식도 유학생들과 똑같이 함께한다. 자기 강의가 끝나도 자리를 뜨지 않고 프로그램 내내 자리를 지키며 강사와 유학생들에게 격려를 보내고, 밤새워 유학생들의 고민을 듣고 상담해 준다. 유학생들은 강사들이 보여 준 헌신과 섬김에 감동하며, 자신 역시 다시 코스타에 강사나 자원봉사자로 참여해, 보고 배운 대로 따라한다. 코스타의 매우 중요하고도 아름다운 전통이다. 이 겸손한 마음과 자발적인 헌신이야말로 오늘날 코스타를 세워 온 가장 강력한 동력이다.

자원봉사자들의 헌신 또한 익히 알려진 일이다. 학업을 끝내고 이미 전문인으로서 대내외적으로 중요한 위치에 있음에도 불구하고 코스타에 와서 집회가 물 흐르듯 진행되도록 뒷감당을 도맡아 한다. 전체 운영과 진행을 뒤에서 돕고 기도하는 이들은 대개 코스타를 경험한 선배들로서, 전 세계에 800여 명에 이른다.

코스타를 후원해 온 남서울은혜교회는 누구보다 코스타의 힘을 잘 알고 있다. 코스타를 통해 인생이 바뀐 이들을 수없이 목격했기 때문이다. 그중 대표적인 인물이 블라디보스토크 국제학교 초대 교장을 맡았던 조상국 선교사다. 미국에서 공부할 당시만 해도 그는 예수 그리스도에 대해 전혀 알지 못했다. 그런데 아내를 태워다 주려다 얼결에 코스타에 참석했다가 주님을 영접했다. 그때가 1회 코스타 집회였는데, 당시 집회 때 세계 지도 위에 초를 올려놓는 시간이 있었다. 선교사로 헌신할 사람이나, 직접 선교지로 나가지 못해도 그 나라를 위해 기도하고 싶은 사람은 그 나라 위에 초를 올려놓는 식이었다. 유학생 조상국은 아무데도 초를 올려놓지 못하고 그저 움켜쥐고만 있었다.

그 뒤 조상국은 공부를 마치고 귀국해 대구 가톨릭대학 교수로, 학장으로 지내다 안식년을 맞아 우즈베키스탄으로 나갔다. 코스타 때 초를 올려놓지 못했던 마음의 빚이 그를 그곳으로 이끌었다. 그는 결국 한국으로 돌아오지 않고 그곳에 남아 선교사로 살기로 결단했다. 7년간 우즈베키스탄에서 학교 사역에 힘쓰다가, 블라디보스토크로 와서 국제학교 초대 교장을 맡으며 남서울은혜교회 연해주 사역에 힘을 보탰다. 1986년 첫 번째 코스타에서의 만남이 2003년 블라디보스토크 국제학교로 이어지리라고는 아무도 알지 못했다. 오직 일하시는 하나님의 계획 속에서 코스타를 만나 여기까지 온 것이다. 조상국 선교사는 지금도 연해주에서 학생들을 가르치며 복음을 전하는 삶을 살고 있다.

코스타를 경험하면 인생이 바뀐다

1980년 미국에서 시작된 유학생 성경연구 모임은 1986년 코스타라는 이름의 유학생 수련회가 되고, 1988년에는 유럽으로, 1993년에는 영국과 일본으로, 1994년에는 러시아 모스크바로 뻗어 나갔다. 1995년 코스타는 국제복음주의 학생 연합회로 성장해 북미, 중국, 호주, 남미, 대만, 뉴질랜드, 아시아와 이스라엘에서도 집회가 열렸고, 지금은 30여 곳에서 2만여 학생들이 예수 그리스도를 중심으로 모인다.

오늘날 코스타는 초기 코스타와 달라진 부분이 있다. 코스타 초기의 유학생들은 국비 유학생이거나 풀브라이트(Fulbright) 재단 장학생, 또는 미국의 유수한 대학에서 개발도상국이나 저개발국가의 인재 양성을 위해 마련한 장학금을 받는 유학생들이 많았다. 당연히 석사 이상의 학위를 가진 유학생이 대부분이었다.

그런데 10년 정도 지나자 자비 유학 같은 다양한 방법으로 외국에서 공부하는 학생들이 많아졌다. 대학원생이 아닌 대학생들도 코스타에 참여하게 되었다는 말이다. 게다가 2000년대에 들어서면서부터는 중고등학생은 물론이고 초등학생들도 많아졌. 가족과 떨어져 있다거나 문화적 적응 문제로 누구보다 힘든 생활을 하던 어린 10대 유학생들이 코스타에 참석해 은혜를 받고 변화되는 일들이 일어나기 시작했다.

2001년 마침내 캐나다 밴쿠버에서 10대 유학생들을 위한 유스 코스타(Youth KOSTA)가 닻을 올렸다. 예민한 10대 아이들은 유학지에서 맞은 부적응과 외로움에 각자 다양한 방식으로 처절하게 싸우고 있었으나 어느 곳에서도 위로받지 못하고 있었다. 그러다가 유스 코스타를 만나 변화되기 시작했고, 부모들은 자녀들의 변화에 깜짝 놀랐다. 좋은 소문은 빠르게 퍼져 나가서 필리핀, 말레이시아 등지에서도 유스 코스타에 대한 요청이 쇄도했다.

또 코스타를 보고는 미국 내 중국인 유학생들, 한국으로 유학 온 중국인 유학생들도 모이기 시작했고, 일본과 호주에서도 같은 일들이 벌어지기 시작했다. 코스타는 비단 한국 유학생들만의 코스타가 아닌 본토를 떠나 이국에서 공부하는 세계의 모든 유학생들에게 신선한 영적 돌풍을 일으켰다. 코스타 설립자의 한 사람인 홍정길 목사의 작은 헌신, 곧 유학생 부부에게 1년에 한 번은 가서 성경공부를 함께하겠다는 약속은 이렇게 생명력 있는 복음의 힘을 타고 세계 곳곳으로 확산되었다.

오랫동안 코스타에 헌신해 온 장평훈 교수(대구 경북과학기술원)는 코스타의 성숙과 성장에 중추적인 역할을 담당한 홍정길 목사의 섬김을 이렇게 회고한다.

"홍 목사님은 별 순서를 맡지 않으셨는데도 자리를 지키셨다. 강사들에게 다른 분이 순서를 맡을 때 그 자리를 지켜 주는 것이 얼마나 격려가 되는지 이야기하면서 다 같이 자리를 지키자고 권했고, 당신이 먼저 실천했다. 한국에서 모금과 강사 섭외 등 온갖 궂은일을 하고 코스타에 와서는 시차를 견뎌 가며 마지막까지 자리를 지키는 일, 그렇게 섬김의 자세를 몸으로 보여 주셨다. 이런 섬김을 먼발치에서 보면서 알게 모르게 가르침을 받은 것은 비단 나만의 일이 아니었다. '적어도 여기는 인정을 바라고 대가를 요구하는 세상적인 가치가 안 통하는 곳이니까 이곳에 있는 동안 조심하자'라는 소극적 경각심부터, '이제부터 나도 사역의 동기와 자세를 저렇게 바꾸고 싶다'라는 적극적인 회심까지 다양한 반응이 있었을 거라 생각한다"《동행》, 139쪽).

홍정길 목사가 몸으로 보여 준 섬김과 헌신은 지금도 코스타를 경험한 많은 목회자와 강사들, 유학생들에게 섬김의 본이 되고 있다. 하지만 홍 목사는 오직 코스타의 성장과 발전 이면에 남서울은혜교회 식구들의 기도와 헌신이 있었기 때문이라고 다양한 자리에서 여러 차례 강조할 뿐이다.

선교운동적인 측면에서 볼 때, 정민영 국제위클리프(Wycliffe International) 부대표의 평가는 코스타 운동이 선교와 직결되어 있음을 잘 보여 준다.

"코스타는 단순히 타국에서 고생하는 유학생들이나 젊은 한인들을 위로하고 다독거리기 위한 내부지향적 집회가 아니라, 유학생과 한인 디아스포라가 처한 선교적 상황과 독특한 기회를 인식시켜 하나님나라의 완성을 위해 그들 삶을 헌신하도록 격려하기 위한 외부지향적 선교운동이다. 코스타를 통해 수많은 선교사들이 배출된 게 결코 우연이 아닌 것은, 이 운동을 태동시킨 홍정길 목사의 선교적 중심이 처음부터 코스타의 DNA로 녹아 있었기 때문이다"(〈동행〉, 133쪽).

코스타 경험이 각 개인 인생에서 중요한 터닝 포인트가 된 이들도 많다. 그들은 한동대, 연변과학기술대학, 평양기술대학, 몽골기술대학을 세우는 밑거름으로 자신을 헌신했으며, 한국 내에서도 지도력 있는 위치에서 삶으로 복음을 증거하고 있다. 한 알의 밀알 같은 헌신이 있다면 복음은 지역을 넘고 시간을 초월해 팽창한다. 코스타가 그 좋은 예다.

선교는 교회의
존재 목적

5만 원 vs 15만 원

남서울은혜교회는 홈페이지에 "우리 교회가 존재하는 목적은 무엇인가?"라는 질문에 대한 답이 두 가지 말씀 안에 있다고 밝힌다. 첫째는 "예수께서 이르시되 네 마음을 다하고 목숨을 다하고 뜻을 다하여 주 너의 하나님을 사랑하라 하셨으니 이것이 크고 첫째 되는 계명이요 둘째도 그와 같으니 네 이웃을 네 자신 같이 사랑하라 하셨으니 이 두 계명이 온 율법과 선지자의 강령이니라"(마 22:37-40)라는 사랑의 계명이다.

둘째는 "그러므로 너희는 가서 모든 민족을 제자로 삼아 아버지와 아들과 성령의 이름으로 세례를 베풀고 내가 너희에게 분부한 모든 것을 가르쳐 지키게 하라. 볼지어다, 내가 세상 끝날까지 너희와 항상 함께 있으리라 하시니라"(마 28:19-20)라는 선교의 사명이다. 남서울은혜교회가 밝힌 교회의 존재 목적이 사랑과 선교인 만큼, 모든 사역의 뿌리는 사랑과 선교에 닿아 있다.

홍정길 원로목사의 주일예배 설교나 남서울은혜교회 매거진 〈은혜나눔터〉 칼럼에 '선교'라는 주제는 매우 자주 등장한다. 앞서 설명했듯이, 남서울은혜교회가 남서울교회의 지교회로 출발했기 때문에, 남서울은혜교회의 선교 사역 이야기는 남서울교회의 선교 사역으로 거슬러 올라간다. '선교'에 관한 한, 남서울교회에 이어 남서울은혜교회를 세운 홍정길 목사의 특별한 신념을 보여주는 전설 같은 한 대목이 있다.

1975년 7월, 남서울교회를 창립한 홍정길 목사는 성경공부에 집중적으로 매달렸다. 그리고 1년 후인 1976년 8월 김정웅 선교사를 태국으로 파송한다. 홍 목사는 "성경공부를 거듭할수록 선교의 명령 앞에서 도망만 갈 수는 없었다"고 고백한다. 지금이야 개교회에서 선교사를 파송하는 일이 흔한 일이지만, 36년 전에는 참으로 희귀한 일이었다.

한국 형편으로는 해외로 선교사를 파송한다는 것이 거의 불가능해 보이던 시절이었다. 1975년 우리나라 1인당 국민소득은 532

달러. 집에서 쓰던 4인용 전기밥솥이 1만 원, 일간 신문이 30원 하던 시절이었다. 우리 역시 빈곤과 혼란에 시달리고 있었고, 해외여행은 아무나 할 수도 없던 때였다. 선교사를 파송하는 일도 흔치 않았고, 그나마도 선교 단체나 할 수 있지, 개교회로서는 상상할 수도 없는 시대였다.

게다가 그때 남서울교회는 상가 3층에 세 들어 있는 고작 1년 된 작은 개척교회였다. 성도 수는 고작 120명 남짓이었다. 하지만 그런 외적인 조건들 때문에 선교를 거부할 수는 없었다고 임만호 원로장로는 당시 일을 돌아본다.

"교회 기반도 없을 때였죠. 군을 제대하고 나온 김정웅 목사가 자신은 목회지를 찾는 것보다 선교사로 태국에 가겠다고 그러더라고요. '선교지에 나가 거기에 뼈를 묻겠다'면서요. 그렇다면 그를 우리 교회가 파송하자고 이야기가 나왔습니다. 한 달에 얼마씩 작정하면 되겠다고 제직회에서 이야기가 나왔는데, 홍정길 목사님은 작정을 안 하더라고요. 나중에 보니까 모자라는 액수를 홍 목사님이 다 채워서 보냈더라고요. 그건 기억할 만한 사건이었습니다. 교회에서 선교사를 파송한 첫 번째 사례였으니까요."

남서울교회가 작정한 김정웅 선교사 후원금은 15만 원. 홍정길 목사가 교회로부터 사례비를 5만 원 받을 때였다. 담임목사보다 3배 많은 사례비를 선교사에게 보내기로 결정한 것이다. 그 무렵 홍 목사에게는 둘째가 태어났는데, 그는 젖먹이의 우유를 끊고 모은 1만 원을 선교비에 보탰다. 선교에 대한 홍 목사의 헌신과 열정을 가늠할 수 있는 대목이다.

2012년 현재, 한국은 세계 180여 개국에 1만 5천여 명의 선교사를 파송한 선교 대국이지만, 1976년 당시 해외로 파송된 전체 선교사는 30-40명 수준이었다. 홍정길 목사와 선교 사역의 길을 함께 걸어온 이태웅 박사(글로벌리더십포커스 원장)는 당시로는 매우 파격적이었던 김정웅 선교사 태국 파송을 이렇게 평가한다.

"개척한 지 1년밖에 안 되는 남서울교회가 김정웅 목사를 태국으로 파송한 일은 한국 선교운동 발족의 촉매제 역할을 하기에 충분했다. 더 중요한 것은 이런 남서울교회가 창립 이념을 성도의 성장을 위한 성경공부(제자도), 그리고 아시아와 세계에 복음을 전하는 일로 정한 것은 단순히 한 교회의 비전에 그치지 않고 주변에 의미 있는 다른 교회들의 선교 의식을 일깨우는 역할도 했다는 사실이다. 남서울교회 중심으로 모여든 젊은 선교 자원과 이런 비전과 공동체의 호응은 바로 한 교회 안에 선교운동이 일어나게 했고, 이런 불꽃은 더 큰 선교운동의 불꽃을 일으키는 데 도화선 역할을 했다"(〈동행〉, 78-79쪽).

선교 기관을 도우며 총체적으로 지원

누구보다 선교에 대해 진보적인 생각을 가진 홍정길 목사는 2009년 또 하나의 의미 있는 선교 프로그램을 발진시켰다. 남서울은혜교회의 BMR(Business Mission by the Retired) 사역이다. BMR은 급속도로 진행된 고령화 사회와 조기 은퇴자 급증이라는 시대 상황 속에서, 다양한 전문 지식과 경험을 갖춘 은퇴자들이 선교 현장에서 헌신할 수 있도록 돕는 프로그램이다. 인생의 전반전에는 성공을 향해 달렸다면, 은퇴 후 인생 후반전에는 의미와 보람 있는 시간으로 열매를 맺어야 한다는 것이 홍정길 목사의 생각이다.

BMR은 타 교회 성도들에게도 개방되어 있는 열린 선교 프로그램으로, 2009년에 1기 31명, 2010년에는 2기 40명, 2011년에는 3기 40명이 수료했다. BMR은 철저히 현장성을 중시한다. 강의도 선교사들이 와서 하거나 선교 관련 일을 해 온 사역자들이 맡고, 2회의 비전 트립을 통해 현지를 답사하고 선교지에서 필요한 마음과 달란트를 확인하고 준비하는 시간을 갖는다. 2학기 6개월 동안 현장 실습 외에도 매주 4시간씩 공부하며 평신도 선교사로서 살아갈 은퇴 후의 삶을 준비하는 것이다.

수료 후에는 자신의 은사와 형편에 따라 봉사의 방향을 결정한다. BMR 과정을 마친다고 해서 모두가 해외 선교지로 나가는 것은 아니다. 이들은 국내 NGO나 선교 단체에서 자비량으로 헌신

하거나, 실제로 해외 선교지에 나가 일정 기간 동안 현지 선교사들을 도와 봉사하거나, 꼭 해외로 나가지 않더라도 여러 선교 기관이나 선교 현장을 위해 기도하고 재정적으로 후원하는 일을 한다. 실제로 1기 졸업생 중 윤종호 장로와 김정희 권사 부부는 블라디보스토크로 날아가 미하일로프카 교회의 현지 사역을 돕고 있다.

BMR 과정을 마친 이들의 소감은 풍성하다.

"퇴직 후 1년간 안식년으로 생각했는데, BMR 교육을 통해 배운 것은 '많은 분들이 지구촌을 위해 애쓰고 있는데, 나는 그동안 너무 이기적으로 살았구나' 하는 반성과 부끄러움이었다. 우선, 현지에서 사역하는 것을 이상적인 최종 목표로 한다면, 지금 당장은 기도 후원으로 동역하는 생각을 하게 되었다."

"비전 트립을 통해 현지에서 불가능하다면 국내에서라도 감당해야겠다고 생각하게 되었다. BMR 동기 중에서 현지에서 사역하는 이들이 있다면 국내에서 적극적으로 동역해야겠다고 마음먹었다."

"선교지에 어린 자녀들을 둔 사역자들이 있었다. 어린 자녀들을 몇 가정이라도 함께 모아서 돌봐주는 일을 할 수 있을 것 같다. 동남아권에서 1년 혹은 몇 개월 기간이라도 도우미 역할을 할 수 있으면 좋겠다."

현재 남서울은혜교회 BMR 사역은 태국 캠프 사역, 라오스 MK 사역, 러시아 교회 지원, 캄보디아 스포츠 선교, 국내 MK 사역, 굿

사역 연구와 선교사 훈련을 목적으로 세워진 한국선교훈련원 외관과 내부 모습

월 사역, 외국인 근로자 사역 등에 힘을 보태고 있다.

남서울은혜교회는 선교사 파송과 후원, 교회 내의 우수한 은퇴 인력 자원을 선교와 연계시키시는 일 등 교회 안에서 소화할 수 있는 선교 사역 외에도 외부 선교 기관을 돕고 키우는 일도 비중 있게 하고 있다.

한국 선교운동의 한 획을 그었던 개교회의 첫 번째 선교사 파송 후, 홍정길 목사는 선교사 파송 체계와 관리 체계가 미흡한 점 등을 극복하기 위해 1987년 이태웅 목사와 함께 성경번역선교회(GBT), 한국선교훈련원(GMTC) 등을 규합해 GMF(한국해외선교회)를 발족시킨다.

GMF는 선교사를 파송하고 지원하며 후원하는 산하 8개 기관을 두고 선교와 관련된 모든 지원을 아끼지 않는 선교 공동체다. 미전도 지역에서 교회를 개척하는 개척선교회(GMP), 성경 번역으로 선교하는 성경번역선교회(GBT), 선교사 입국이 제한된 지역에서 선교하는 전문인협력기구(HOPE), 사역 연구와 선교사 훈련을 목적으로 하는 한국선교훈련원(GMTC), 창의적 접근 지역의 선교를 담당하는 한국전문인선교훈련원(GPTI), 선교지 상황과 선교 전략을 연구하는 한국선교연구원(KRIM), 선교사 자녀 교육에 힘쓰는 엠케이 네스트(MK NEST), 한국글로벌리더십연구원(GLF) 등이 GMF 산하에서 동역하는 기관들이다.

이태웅 박사는 GMF의 성장과 발전 뒤에는 홍정길 목사의 리더십이 있었다고 평가한다.

"GMF가 오늘날처럼 전 기능(full functioning)을 발휘하기 위해 계속 성장할 수 있었던 것은 하나님의 왕국적인 세계관에 따라서 살며, 선교 기관을 한 교회나 한 개인의 소유로 생각하지 않고 하나님나라의 소유로 돌리는 리더십이 있었기 때문이다. 이와 같은 선교 리더십이 있었기에 GMF는 합리적인 체계(system)를 갖추게 되었다. 돌이켜 보면 어떤 한 이사나 리더십이 독주하는 일이 없이 순전히 시스템에 의해 GMF가 여기까지 오게 된 것은 홍 목사님 같은 영적 리더가 그 자리에 있었기 때문이라고 여겨진다."

이태웅 박사의 말대로 홍정길 목사의 영적 리더십은 GMF를 한국을 대표하는 선교 기관으로 세워가는 데 중요한 역할을 했고, 그 뒤에는 남서울은혜교회의 동역이 있었다. 홍정길 목사는 선교에 있어서도 교회가 모든 것을 주도하려고 하지 않았다. 교회보다 일을 더 잘할 수 있는 선교 기관을 교회가 후원해, 선교 기관이 더 많은 선교사들을 위해 일하고, 더 나은 선교운동을 펼칠 수 있도록 돕는다. 그가 기관 사역을 중시하는 이유다. 밀알학교라는 장애인 사역을 할 때도 교회는 재정을 전폭적으로 지원하되, 운영과 관리는 투명성이 보장된 재단이 맡는 구조를 통해 일하는 것과 비슷하다.

남서울은혜교회가 시작한 연해주 사역 역시 사역의 규모가 크고 전문성이 필요하다. 그래서 원동문화개발기구를 창립해 다른 교회와 연합해서 일한다. 그리고 남서울은혜교회 안에는 연해주 선교위원회를 만들어 원동문화개발기구를 돕는 구조다. 교회가 직접적으로 사역에 관여하면 재정을 책임지는 만큼 자칫 영향력을 행사하려는 의도가 생길 수도 있고, 기관의 운영 자체가 사역을 어렵게 만들기도 한다. 그래서 남서울은혜교회는 많은 중요한 사역들을 주도적으로 제안하되, 여러 교회들과 함께 일하는 참여의 사역 구조를 만들어 연합한다.

은퇴하고 돌아오는 선교사들을 위한 마을

의미 있는 선교 사역들은 중국에서도 진행되고 있다. 1989년 북경을 방문한 홍정길 목사는 여러 대학생들과 함께 성경공부를 시작했다. 20년 전 비밀리에 진행된 일이다. 한국대학생선교회(CCC)에서 학생들과 함께 성경을 공부하는 데 익숙했던 홍 목사는 틈나는 대로 북경을 오가며 학생들을 키웠다. 코스타가 미국에서 대규모 집회 형태로 실행되었다면 중국에서는 비밀리에 그룹 성경공부가 진행된 셈이다.

그러나 시간이 흐르고 성경공부를 마친 이들이 어디에서 어떻게 복음을 전하며 복음의 일꾼으로 살고 있는지 전체적인 규모를 알기엔 어려웠다. 그러다 최근에 홍 목사는 북경의 그룹 성경공부에서 300명이 넘는 목회자가 나왔다는 반가운 소식을 들었다.

중국 연길에 세운 신학교 또한 남서울은혜교회에 각별한 존재다. 남서울은혜교회는 중국 사역을 위해 조선족 목회자 양성이 절실하다는 것을 깨닫고 1994년 연길 민흥촌에 신학교를 건립했다. 중국 당국이 신학교 허가를 내줄 리 없었다. 신학교 대신 '초대소'나 '훈련 센터' 같은 이름을 내걸었다. 그렇게 조선족 목회자를 4기에 걸쳐 208명을 배출했다. 2000년부터는 교회 반주자 양성과 정도 개설했다. 길림성 정부가 연변주기독교양회 양성 센터를 정식 3년제 신학교로 인정해 준 것은 2010년, 거의 20년이나 걸려 이루어진 일이었다. 현재는 정식 신학교 1기생 60명이 훈련을 받고 있다.

홍정길 목사는 지역 교회의 선교사 파송 시대를 열었고, 선교사 파송 및 지원과 관련한 전 기능적인 선교 기관을 지원하고, 고령화 시대의 은퇴자들을 선교 사역과 연결 짓는 BMR 사역을 시작했다. 그의 목회 인생 40년 어느 때도 선교와 분리된 적이 없었다. 선교사와 선교지를 생각하며 지원과 후원을 아끼지 않았다. 2006년, 홍 목사 자신이 목회 인생을 시작하면서 파송했던 선교사들이 은퇴를 앞두고 있다는 사실은 거룩한 부담으로 다가왔다. 그가 김정웅 선교사를 파송한 때로부터 36년이 지났다. 어린아이를 하나둘씩 거느리고 선교사로 떠났던 장년들은 인생의 황금기를 선교지에 보내고 이제 흰머리 덮이는 60-70대를 바라보고 있다. 사명을 마치고 고국으로 돌아오는 그들. 홍 목사는 "그들을 어떻게 맞이하고 책임질 것인가?"에 대한 고민의 답을 찾아야 했다.

"어느 선교사의 생활비를 남서울은혜교회가 모두 책임지는 경우라 해도, 그 선교사가 우리 교회만의 선교사라고 생각하지는 않았습니다. 우리들의 선교사일 뿐이지요. 하지만 그 선교사가 당장 한국에 와야 할 급박한 일이 생기면, 그때는 우리 교회가 책임진다는 생각을 하고 있습니다. 최후에는 선교사를 우리 교회가 책임지는 우리 교회만의 선교사로 생각했던 거지요."

남서울교회와 남서울은혜교회까지 홍정길 목사와 평생 동역한 임만호 원로장로는 "파송한 선교사들이 선교지에서 열심히 사역하고 한국에 돌아오면 교회가 그를 책임져야 한다"는 것이 남서울은혜교회와 홍 목사의 소신이라고 밝혔다. 소명의 삶을 살고 고국에 돌아온 선교사의 마지막을 책임진다는 생각은 지금 경기도 가평군 설곡면 설악예수마을에서 현실화되고 있다. 1부에서 살펴본 대로 설악예수마을에 생명의빛교회와 함께 은퇴 선교사 마을을 조성 중이다.

"1978년, 남서울교회 건축할 때 일이었습니다. 어디든 건축을 하면 재정적으로 어렵잖아요. 하루는 인건비를 지급해야 하는데 돈이 없는 거예요. 선교위원회에 300만 원의 재정이 있다는 이야기를 듣게 되었어요. 위원장을 만나 10일만 쓰고 돌려줄 테니 빌려 달라고 했습니다. 10일이라는 짧은 시간이기도 하고 교회 일이니 당연히 가능할 거라고 생각했어요. 그런데 위원장을 맡고 있던 장로님은 딱 거절하더라고요. '교회 짓는 건 짓는 거고, 선교는 선교라고.' 처음엔 서운했지만, 그 말이 맞다는 걸 깨달았습니다. 경영학을 전공한 저는 교회 경영에서도 원칙을 가져야 한다고 생각했는데, 그 장로님 말씀을 듣고 원칙 가운데 하나를 만들었지요. 교회 건축을 한다고 해서 교육비나 전도비, 구제비를 절감해서는 안 된다는 것을 원칙으로 만들었습니다. 그때부터 교회는 재정의 67퍼센트는 교회 바깥 일, 즉 사회봉사, 구제, 선교 등에 씁니다. 남서울은혜교회에도 그 원칙이 살아 있습니다. 문서화되지 않은 불문율입니다. 재정의 약 60퍼센트를 선교와 사회봉사, 구제 사역에 쓰고 있습니다. 모자라면 어떻게 하느냐고요? 자기 주머니를 털어 내놓는 것이 남서울은혜교회에서는 예삿일입니다."

　임 장로는 이와 같은 재정 사용은 헌신이 토대가 되지 않으면 불가능한 일이라고 강조한다.

　남서울은혜교회 주보 4-5페이지 내용은 언제나 '선교'로 가득 차 있다. 동역하는 선교사의 근황을 짐작할 수 있는 기도 제목이 소개된다. 선교사와 세계를 위한 기도 모임은 주일 오후 1시에 열린다. 선교위원회 홈페이지에는 선교사들의 기도 제목이 시시각각 업데이트된다. 남서울은혜교회는 파송 선교사 24명, 협력 선교사 100명, 기도하는 선교사 44명 등 총 선교사 168명을 섬기고 있다.

　남서울은혜교회의 존재 목적은 사랑과 선교다. 사랑하기 위해서 선교하고, 선교하기 때문에 사랑한다. 그들은 20년 동안 교회의 존재 목적을 증명하기 위해 사랑으로, 선교로 달려왔다.

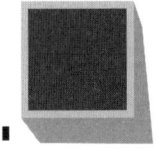

먼저 온 미래를
사랑하는 교회

새벽빛, 아침이 멀지 않았다

　2012년 11월 2일, 세종대학교 대양홀. 평범해 보이는 10대 청소년들이 〈10월의 어느 멋진 날에〉, 〈반갑습니다〉, 〈휘파람〉 등의 노래들을 톤차임 연주로 선보이자, 1천여 명의 관객들은 뜨거운 박수를 보냈다. 또 남한 남자와 탈북 여성이 문화적 차이와 가족들의 반대를 무릅쓰고 끝내 결혼에 성공한다는 내용의 다소 어설픈 코믹 뮤지컬에도 일제히 격려의 박수로 화답했다. 이어진 영상 한 편과 어우러진 내레이션에 관객들은 눈물을 훔치기도 했다. 북한의 실상과 탈북 과정이 관객들의 가슴을 울렸기 때문이다. 이날 공연은 매년 열리는 탈북 청소년을 후원하는 제8회 '여명의 날' 행사였다.

"우리는 통일나무입니다"라는 주제로 행사를 준비한 학생들은 탈북 청소년들의 대안학교인 여명학교의 재학생들이다. 몇 주 동안 연습에 매진한 학생들은 모두 북한을 탈출해 남한으로 입국하기 위해 중국과 동남아 일대를 수년씩 전전하며 사선을 넘나든 경험을 가진 아이들이다. 이제 한국에 와서 여느 청소년들처럼 공부를 시작했지만, 하나부터 열까지 쉬운 일은 하나도 없다. 배워야 할 것은 너무나 많고, 한국 사회에 적응해야 하는 일도 까마득히 멀게만 보인다. 탈북 과정에서 겪은 끔찍한 기억들, 이산한 가족들에 대한 복잡한 감정들, 탈북 이후의 시간이 남긴 상처와 아픔들은 아직 회복되지 않은 상태. 이들에게 따뜻한 배움의 길이 되어 준 곳이 여명학교다.

2002년 말, 남서울은혜교회 통일선교위원회에서 활동하던 조명숙 집사는 교회에 탈북 청소년을 위한 대안학교가 필요하다고 학교 설립을 건의했고, 남서울은혜교회는 여러 검증 과정을 거쳐 그 필요성을 인정했다. 그때 교회는 막 밀알학교를 설립한 후인데다가, 다른 교회들의 탈북자 사역 결과가 좋지 않아 탈북 청소년을 위한 대안학교 설립에 신중을 기할 수밖에 없었다.

현재 여명학교 교감으로 섬기는 조명숙 집사는 여명학교 설립을 앞두고 홍정길 목사와 인터뷰했던 그날을 잊지 못한다.

"홍정길 목사님이 저를 쳐다보시던 눈빛이 기억납니다. '어떤 마음의 동기로 이 일을 제안했을까?' 하는 호기심이 가득한 눈빛이었습니다. 신기해 하면서도 사람에 대한 애정이 담긴 눈빛이었죠. 홍 목사님의 질문은 딱 하나였습니다. '이 일을 어떻게 하실 겁니까?' 저는 1997년 10월 20일 탈북한 아이들과 국경을 넘었던 일을 말씀드렸습니다. 베트남 군인에게 잡혀 죽을 목숨이었는데, 그때 저는 하나님께 기도하고 서원했거든요. '하나님께서 이 아이들을 맡겨 주신다면 죽기를 각오하고 사랑하겠습니다'라고요. 그 일을 말씀드리면서 목사님께 학교를 만들어 주신다면 죽기를 각오하고 하겠다고 했지요. 홍 목사님은 다 들으신 다음에, '그렇다면 애긴 다 끝났네요'라고 짧게 말씀하셨습니다. 그리고 기도하고 헤어졌고요. 저는 떨리는 마음으로 교회로부터 어떤 답이 올지 기다렸습니다."

결론부터 말하자면 남서울은혜교회는 탈북 청소년 대안학교를 세우기로 결정했다. 평소에 아무리 좋은 일을 하더라도 어떤 사람이 하느냐가 중요하다고 말해 왔던 홍정길 목사는 이미 오랫동안 탈북자 돕는 일을 해 오던 조명숙 집사가 보여 준 사생결단의 서원을 믿었던 것이다. 대신 통일 사역은 큰일이므로 여러 교회들이 연합해서 해야 하며, 통일 이전에 교회가 연합할 필요가 있다고 강조하며 여명학교 추진을 연합 사역으로 키웠다. 마침내 2004년

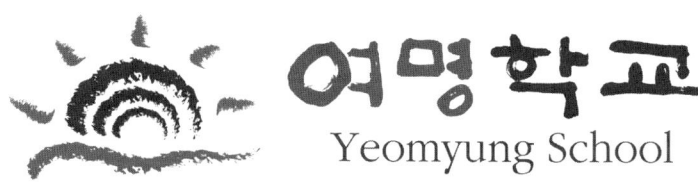

교육을 통해 탈북 청소년들이 한국 사회에 잘 적응하도록 돕는 여명학교. 탈북 청소년들은 먼저 온 통일이다. 그들을 준비시켜 통일 준비 세대로 키우는 것은 우리 시대의 소명이다.

9월 14일, 여명학교는 남서울은혜교회를 비롯한 23개 이사 교회의 후원으로 서울 관악구 봉천동에 문을 열었다. 그 뒤, 높은뜻숭의교회의 도움으로 남산동으로 이전해 오늘에 이르고 있다.

기독교 대안학교인 여명학교는 탈북 청소년들이 한국에 오기 전까지 겪었던 심신의 외상을 극복하고 한국 사회에 잘 적응하도록 학생 개개인의 수준과 경험에 맞는 맞춤식 교육과 다양한 특성화 교육을 실시한다. 무엇보다 그들을 통일의 일꾼으로 길러내는 데 초점을 맞추고 있다. 여명학교 초대교장을 지낸 남서울은혜교회 우기섭 장로는 여명학교의 교육 철학을 이렇게 소개한다.

"우리는 회복, 이해, 사랑을 지향합니다. 내가 하나님의 형상을 닮은 인권을 가진 존재라는 사실을 회복해야 합니다. 남이 나와 다를 수 있다는 것을 이해해야 합니다. 다르다는 것은 나쁜 것이 아니라는 것을 이곳에서 배우는 거죠. 이 사회에서 도움을 받고 있으므로 우리는 서로 사랑해야 한다고 가르칩니다. 이렇게 회복, 이해, 사랑을 통해 가르치고 배우는 여명학교는 통일을 준비하는 통일사관학교라고 자부합니다."

홍정길 목사는 탈북 청소년들이 "이곳에 와서야 비로소 사람 대접을 받았다"고 말한다. 그들은 사랑은커녕 사선에서 공포와 허기의 극한을 겪었고, 그 트라우마 때문에 한국 사회에서 일상을 사는 것이 어렵다. 또 남한 학생들에 비해 학력 수준이 현저하게 떨어진다. 같은 한글이지만 용어도 개념도 다 처음 보는 것들이라 학습은 더디기만 하다. 그래서 한국 사회의 여느 청소년들처럼 영어나 수학 같은 과목도 배우지만 신앙과 인성 교육이 우선적으로 필요하다. 하지만 그보다는 선생님이 자신을 왜 사랑하는지 묻게 되고, 사람이 사람을 사랑한다는 것이 어떤 것인지 배운다. 그리고 그 질문 끝에 예수님의 사랑이 있다는 것을 알아 간다.

아이들에게 가장 어려운 것 중에 하나가 '시간을 지키는 일'이다. 제3국을 거쳐 수년씩 살아남는 문제에 극도로 시달렸던 아이들은 규칙적인 생활을 해본 적이 없다. 그래서 한 달 동안 학교를 한 번도 빠지지 않는 개근은 굉장히 어려운 일이다. "70여 명에 가까운 전교생의 80퍼센트가 개근했다는 것은 그만큼 학생들이 학교를 믿는다는 것이고, 그건 하나님이 주신 선물이라고 생각한다"고 조명숙 교감은 말한다.

"이곳 아이들이 아무리 열심히 해도 한국 사회에서 태어난 아이들보다 여러 가지 면에서 뒤처지는 건 뻔한 일이에요. 어쩌면 당연한 거죠. 그렇지만 저는 아이들에게 말해 줍니다. 너희의 꿈, 너희의 희망은 이곳 아이들보다 훨씬 더 크다고요. 통일이 되면 이곳 아이들은 통일 세대의 주역이 될 겁니다."

여명학교 아이들은 조명숙 교감처럼 자신들을 믿어 주고 마음을 알아주는 선생님들이 있기에 한국 사회에서의 적응기를 그나마 잘 견뎌 내고 있다.

지난 8년 동안 95명의 졸업생을 배출한 여명학교는 통일 이후 북한에 있는 410만 명의 청소년을 위한 통일 교육의 전문 대안학교로 성장하기 위해 오늘도 회복, 이해, 사랑의 길을 천천히 걷고 있다.

선교 안에 통일 있다

탈북 청소년들의 교육을 책임지는 여명학교는 남서울은혜교회의 통일선교위원회와 맞닿아 있다. 통일선교위원회는 탈북한 북한 주민들을 위해 일하는 남서울은혜교회의 핵심 부서다. 2011년, 남서울은혜교회 통일선교위원회는 사역 10주년을 맞았다. 누군가는 남서울은혜교회가 남들이 하기 어려워하는 사역만 골라서 한다고 말한다. 탈북민 선교 역시 그중에 하나다.

2010년 11월 현재, 탈북민은 2만여 명을 돌파했다. 연 3천 명에 가까운 사람들이 한국 사회에 들어오고 있다. 그중 70퍼센트 이상이 20-40대 여성이며, 10퍼센트 정도가 20대 이하의 청소년이다. 여성들의 경우, 중국이나 동남아에서 5-10년 정도 불법적인 상태로 지내면서 수용과 감금 등의 난민 생활을 하거나 강제로 중국인과 결혼해 아이를 낳고 폭압 상태에서 살다가 남한으로 넘어온 경우가 많다.

    홍정길 목사는 이들 탈북민들을 '통일 선발대'라고 부른다.

    "새터민들은 통일 연습을 위해 하나님께서 이 땅에 보내신 통일 선발대입니다. 이들을 사랑하고 일으켜 세워 우리와 어우러져 살게 하는 것은 한국 교회의 숙제입니다. 지금까지 한국 교회는 이 땅에 온 새터민을 보살피고 돌봐 왔습니다. 피상적인 도움에서 더 나아가 그들이 이 땅에서 사람답게 살도록 인도해야 하며, 깊은 사랑으로 품어 주는 일을 쉬지 말아야 할 것입니다"《은혜나눔터》 2006년 11월호).

    남서울은혜교회의 통일선교 위원회는 탈북민들과 함께 통일을 준비한다. 매주일 낮 12시, 밀알학교 안에 있는 성산홀에 남북한 사람들이 모여, 찬양을 부르고 말씀을 읽고 교제를 나눈다. 교회 안에 있는 또 하나의 교회이자 예배다. 통일선교 위원회를 담당하는 김영식 목사는 그 시간을 '대한민국에서 얼마 안 되는 통일의 자리'라고 부른다. 100여 명이 모이는 이 자리에 남한 사람과 북한 사람의 비율은 4대 6 정도. 그래서 이곳을 '통일선교공동체'라고 부른다. 거기에서 남이 북을 경험하고, 북이 남을 경험한다.

김영식 목사는 통일선교공동체에 다음과 같은 의미를 부여한다. "포럼이나 세미나에서 연구하고 토론하는 세련된 통일 준비도 무척 중요하지만, 투박하더라도 삶에서 사람 냄새 나는 통일을 경험하는 것이 이 시대가 준비해야 할 가장 중요한 통일입니다. 여기 있는 분들과 통일 연습이 되어 있지 않으면 통일이 되었을 때 아주 문제가 많아집니다."

2001년 통일선교위원회가 북한선교회로 처음 출범했을 때 탈북민은 3명이었는데, 2002년에는 17가구 33명으로 늘어났다. 당시 대한민국에 들어온 총 탈북민이 3천여 명이 못 되던 시절이었다. 2002년 통일사역을 위한 전담 사역자로 임용석 목사가 부임하면서 탈북민 사역은 본격화되었다. 주일 정기 모임 외에도 정기적인 성경공부와 수련회, 새신자 양육반을 만들었다. 처음에는 가구당 생활 보조금을 지원하기도 했는데, 자칫 이와 같은 경제적 지원이 한국 사회의 적응을 가로막는 요인이 될 수도 있어, 지원금 지급을 중단했다. 대신 응급한 경우에는 후원금을 모아 주었고, 명절에는 선물을 증정하고, 결혼식이 필요한 이들에게는 결혼식을 올려 주기도 했다.

점차 남서울은혜교회에 나오는 탈북민 숫자가 늘어나면서 전도 열풍이 불어, 많은 영혼들이 교회로 돌아오는 역사도 일어났다.

2006년에는 탈북민을 위한 전용 성경공부 교재를 개발해 임용석 목사와 통일선교위원회가 15-16주 동안 집중적인 신앙 교육을 실시했다. 밖으로는 탈북민 사역을 시작한 후 중국이나 태국 등 제3국에서 어려운 상황에 처해 있는 탈북자들이 통일선교위원회와 연결되기 시작했다. 해외에 있는 탈북자들의 생활을 돕는 지원도 이어졌다. 중국 내 탈북자 선교사를 파송하기도 하고, 탈북자들이 제3국에서 난민 지위를 얻을 수 있도록 다른 나라 NGO와 협력하기도 했다.

탈북민이 한 해 3천여 명 정도 입국하는 오늘의 현실 앞에서 통일선교위원회는 제자공동체, 영적공동체, 통일공동체라는 3대 공동체 실현을 목표로 뛰고 있다. 탈북민도 목자로 설 수 있을 정도로 제자화했고, 탈북자 정착 지원 시설인 하나원 사역도 대폭 강화했다. 탈북민에게 복음을 전하고 양육하며 금전적 지원을 포함해 생활, 의료, 교육, 법률 등 다양한 면에서 지원한다. 통일 교육 또한 중요하다. 탈북민을 상대로 하는 교육은 그들에게 절실하게 필요한 분야에서 광범위하게 실시하는 한편, 성도들을 대상으로는 통일을 앞두고 지금부터 준비가 필요하다는 현실감을 일깨워 주는 것이 가장 핵심이다. 탈북민을 섬기려는 사람들에게는 탈북민의 삶과 살아온 배경을 이해하면서, 그들 역시 하나님 앞에서 함께 살아가는 친구 같은 존재임을 깨닫게 하는 것이 중요하다.

하나원에서 3개월 동안 교육을 받고 퇴소한 탈북민들이 남한에서 맞는 첫 밤은 외롭고도 두렵고도 떨리는 밤이다. 배정받은 집은 텅 비어 있다. 더러 청소가 되어 있기도 하지만 도배나 청소를 해야 하는 경우도 많다. 남서울은혜교회 통일선교 위원회 팀은 이날 하나원 안에 있는 하나교회를 통해 교회에 출석 가능한 지역에 배정받은 퇴소자들의 집 앞에서 기다린다. 적십자 도우미와 함께 집에 도착한 탈북민과 함께 집으로 들어가 간단히 청소를 하고 예배를 드린다. 예배 후에는 간단한 생필품을 챙겨 주고 저녁식사를 같이 하면서 긴장을 풀어 주고 온기 있는 시간을 가진다. 남한 사회의 첫발을 디딘 가장 외로운 그 순간에 그들이 혼자가 아님을 느끼게 하는 것은 매우 중요하다. 탈북민들은 이 첫날의 환대를 두고두고 기억한다.

탈북민들이 한국 사회에, 그리고 남서울은혜교회에 적응하는 일은 쉽지 않다. 그렇지만 교회 안에 선배 탈북민들을 만나 천천히 마음의 문을 열고 신앙을 받아들이기까지 옆에서 같이 있어 주는 일은 반드시 필요하다.

"2011년에는 탈북 성도들이 감사 저금통 캠페인을 벌였습니다. 매일의 감사로 민족을 새롭게 하자는 취지였어요. 매일 잔돈이 생기면 감사의 의미로 저금통에 넣고, 추수감사절에 동전을 지폐로 바꿔서 100퍼센트 외부로 헌금을 했습니다. 300만 원이 모였더라고요. 감사의 편지도 많았어요. 교회에 나와 탈북민이라는 대우에 익숙해지고 남한 사람들을 따라가기만 하는 존재가 아니라, 이제는 북에서 오신 분들을 리더로 키우고 그분들도 이 사회에 무언가를 하게끔 하는 의미 있는 행사였습니다."

김영식 목사는 탈북민들을 신앙적으로 돌보면서 깊이 관계를 맺으면 결국 가족이 되더라고 덧붙였다.

특별히 통일선교위원회는 탈북민 취업지원센터를 운명하며 적극 지원하고 있다. 북한에서 가졌던 직업, 적성, 능력을 고려해 자신에게 가장 맞는 적합한 직업을 찾도록 도와주는 것이 목표다. 처음에 통일선교 위원회 프로그램으로 진행되던 탈북민 취업지원센터는 현재 함께하는재단으로 편입되어 장애인과 다문화 가족과 함께 성공적인 정착을 위해 노력하고 있다. 2012년 1월 현재, 12기까지 152명이 수료해 52퍼센트의 취업율을 보이고 있다.

감자를 나누고 집을 짓고 우유를 보내고

남서울은혜교회의 통일 사역은 크게 세 가지로 요약된다. 북한 현지를 돕는 일, 해외에서 한국으로 들어오는 과정 중에 있는 탈북 동포를 돕는 일, 한국에 들어온 탈북민들의 정착을 돕는 일 등이다. 탈북민의 한국 정착을 돕기 위해 가장 시급한 교육과 취업은 여명학교와 탈북민취업지원센터를 통해 이루어지고 있으며, 신앙적인 부분은 통일선교 위원회에서 다양한 방법으로 접근하고 있다. 세 가지 사역 중 남서울은혜교회가 북한 현지를 돕는 일은 '남북나눔운동'을 통해 이루어진다.

남북나눔운동은 1993년 4월 27일 민족 화해와 평화 통일에 기여하기 위해 설립된 대한민국 최초의 대북 지원 민간단체다. 남북나눔운동은 진보와 보수로 나누어져 있던 한국 교회가 통일이라는 과제 앞에 서로 연대한 기구이자, 북한 주민을 실제적으로 지원한다는 점에서 매우 의미 있는 대북 사역 단체라고 할 수 있다.

한국 교회 지도력 있는 인사 700여 명이 발기인으로 참여한 남북나눔운동 창립 준비 예배 및 발기인대회에서 홍정길 목사는 사무총장으로 선임되었다. 남북나눔운동으로부터 사무총장을 맡아 달라는 부탁을 받았을 때 홍 목사는 수락할 의사가 없었지만 한 통의 전화를 받고 전격 수락했다.

"한밤중에 전화가 걸려 왔습디다. 전화 통화의 요지는 '그 일을 맡지 말라'는 것이었고, 분위기는 상당히 강압적이었죠. 그래서 이렇게 말했습니다. '원래 이 일을 수락하지 않을 생각이었는데, 이 직을 맡지 않으면 내가 당신의 강압적인 전화에 굴복한 꼴이 되니 그건 목사로서 부끄럽지 않겠는가.' 그리고 그 일을 맡기로 하나님 앞에 결단했지요."

발기인대회에서 사무총장에 선임된 홍정길 목사는 1998년 이후 북한을 50여 차례 오가면서 북한 돕기에 발 벗고 나섰다. 대부분 지원한 내용이 북한 주민들에게 제대로 전달되고 있는지 확인하는 모니터링을 하기 위해서였다.

2005년 9월, 남북나눔운동은 평양에서 72킬로미터 떨어진 황해도 봉산군 천덕리에 100채의 집을 지어 선물했다. 북한 동포들의 굶주림과 남루한 옷에만 머무르던 관심이 그들 삶의 터전으로 확대된 사례였을 뿐만 아니라 실제적으로 주민들이 살게 될 집이어서 어떤 대북 지원보다 의미 있는 사업이라고 평가받았다. 홍정길 목사는 그 소회를 이렇게 밝혔다.

"천덕리 주민들은 북의 동포들 가운데 가장 처음으로 하나님의 은덕을 누리는 귀한 축복의 사람들입니다. 이 일로 2005년 크리스마스는 북한 동포들이 사람답게 살 수 있는 주거 환경에서 보내는 따뜻한 첫 번째 크리스마스가 될 것입니다."

남북나눔운동은 천덕리 집짓기 사업과 주거 환경 개선 사업 외에도 연해주에서 고려인들이 재배한 감자를 북한 동포들에게 나눠 주기도 했고, 어린이들에게 지속적으로 분유를 지원하는 사업도 하고 있다. 홍정길 목사가 20년 동안 일관되게 북한 어린들을 위해 분유 지원 사업을 하는 데에는 기독교적인 사랑의 마음이 밑바탕에 깔려 있다.

"평양에서 1년 동안 의료 봉사를 한 국제 아동 영양학자인 캐나다 교수를 만난 적이 있습니다. 북한 어린이의 심각한 영양 결핍이 지적 장애로 이어져 끝내는 우리 민족의 장래를 위협할 것이라는 이야기를 들었습니다. 어린이 영양 전문가에 따르면, 어린이의

연해주 고려인들의 자립을 돕는 행복동 비닐하우스 사업. 남북나눔운동이 벌이는 이 프로젝트는 이름대로 그들에게 '행복'의 원천이 되고 있다.

뇌와 장기는 2세 이전에 형성된답니다. 이 시기에 영양실조 상태가 되면 뇌 발달에 장애가 생겨 결국은 장애인이 된다는군요. 지금 북한 어린이들에게 우유와 이유식을 제공하지 않으면 통일 이후 다음 세대에는 엄청난 장애인들이 나오게 되고, 그 뒷감당은 통일 세대가 무겁게 걸머져야 합니다. 통일 비용과 함께 그 사회적 부담과 고통은 모두가 감당해야 될 겁니다. 그러니 북한 어린이에게 우유와 이유식을 제공하는 것은 더없이 긴급한 인도주의적 실천 과제지요."

남북나눔운동에서 홍정길 목사와 함께 일했던 이들은 그가 국제 아동 영양학자를 만난 후로 대북사역에 대한 내면의 동기가 기독교적인 박애심으로 확실히 전환되었다고 전한다. 그 전에 홍 목사는 저마다의 정치경제적 이유로 변하지 않는 남북한 사이에서 힘들게 통일 사역을 이어가며 피로감을 느끼고 회의가 들 때도 많았다. 그러나 한국에서 장애인 사역을 하는 그에게 북한 어린이들의 미래가 민족의 암담한 운명과 연결될 수밖에 없다는 사실은 너무나 아프게 다가왔다. 홍 목사에게 북한 어린이 기아 문제는 어떤 이유로든 피해서는 안 되는 가장 절박한 문제가 되었다.

오랫동안 남북나눔운동에서 함께 일했던 산울교회 이문식 목사는 이렇게 말한다.

"홍정길 목사의 대북 지원 지속성의 동기는 희망적 기대에 있지 않다. 그 기대가 이루어지든, 이루어지지 않든 간에 그것은 주님께 맡기고, 지난 18년 동안 대북 지원을 지속적으로 행할 수 있었던 유일한 근원은 북한 사람들에 대한 주님의 마음을 가슴에 품은 태도, 한마디로 기독교적 박애심 때문이었다고 보아야 한다"《동행》, 187쪽).

홍 목사의 방북 길을 여러 번 수행하고, 그의 대북 사역을 잘 알고 있던 남서울은혜교회 한 성도는 이문식 목사가 지적한 기독교적 박애심에 방점을 찍으며 이렇게 덧붙였다.

"홍 목사님이 북한엘 한번 다녀오시면 일주일 정도 식사도 잘 못하시는 걸 여러 번 봤습니다. 그쪽 사정을 보고 올 때마다 마음이 아파서 굉장히 힘들어 하시더라고요. 겨울에 가시면 내복이나 두툼한 옷 같은 건 아예 북에 모두 두고 오셨습니다."

홍 목사의 대북 사역 원칙은 분명했고, 20년 동안 일관되게 지켜졌다. 대한민국의 국법이 허용하는 선 안에서 일하며, 절대로 현금 지원을 하지 않으며, 사업을 과장해서 대내외적으로 홍보하지 않는다는 것이 바로 그 원칙이다. 그래서 북한의 농촌 시범 마을 조성이나 감자 지원 사업 같은 대규모 프로젝트를 진행할 때도 소리 소문 없이 지원했다. 이런 일들을 소문내면 한국에서 편하게 후원금을 모금할 수 있지만 이를 불편해 하는 북쪽을 배려해 조용히 사역을 진행했던 것이다. 게다가 북쪽은 남쪽 인사들이 대북 사역을 대대적으로 홍보함으로써 취하는 이득을 계산해서 인도주의적 지원과 별 상관없는 지원을 요청하는 압박 수단으로 이용하는 면도 없지 않았다. 이렇게 되면 대북 사역을 하는 동안 북한에 끌려다닐 수밖에 없고, 그것은 결코 지속적인 대북 사역에 전혀 도움이 되지 않는다. 하지만 홍정길 목사는 한국에 대북 사역을 대대적으로 홍보하지 않음으로써 북한의 부당한 요구들로부터 자유로울 수 있었다. 이만열 교수는 자신이 체험한 홍 목사의 원칙을 이렇게 설명한다.

"홍 목사님은 북의 조선그리스도교련맹(조그련)이 도와 달라고 요구할 때 분명한 선을 제시하곤 했다. 당시 남측의 기독교 지도자들 중에는 북한을 방문하여 무책임하게 이것저것 약속해 놓고는 그걸 감당하지 못하는 경우가 있었다. 그런 약속 중에는 한국 정부가 금수하는 물품도 있었다. 조그련이 때때로 그런 금수품을 특별히 거론하면서 지원해 주기를 원했다. 그럴 때 홍 목사님은, '예, 그걸 한 번은 할 수 있습니다. 그러나 정부가 금하는 것을 했을 경우, 다시는 당신네들을 만날 수 없습니다. 당신들은 우리와 한 번으로 끝내기를 원하십니까?'라고 말했다. 그 말을 듣고 그들은 더 이상 무리한 요구를 하지 않았다. 나는 이런 교섭을 옆에서 보면서 '예'와 '아니오', '가능한 것'과 '불가능한 것'을 분명히 제시하는 홍 목사님의 이런 자세가 저쪽에 도리어 깊은 신뢰를 주고 있구나 하는 느낌을 받았다"(〈동행〉, 50쪽).

홍정길 목사의 원칙 있는 자세는 남북나눔운동 실무진에게 주는 협상 지침에서도 잘 드러난다. "솔직하라. 우리는 하나님이 은혜 주시는 것만큼만 일하자."

2009년 12월, 민족화해협력 범국민협의회는 제7회 민족화해상 수상자로 남북나눔운동의 회장인 홍정길 목사를 선정했다.

"북한의 식량난이 극심했던 1994년 당시의 어려운 상황을 무릅쓰고 민간 차원에서 최초로 대북 식량 지원을 시작한 이래 지난 16년간 대북 지원을 다양하고도 지속적으로 해 온 공로가 지대하며 이를 통해 남북을 화해시키는 일에 큰 영향을 주었다"는 것이 선정 이유였다. 이것은 홍정길 목사의 순수한 대북 사역에 대한 인정이었다.

통일 문제 앞에서 경제성을 따지고 이념으로 나뉘는 크리스천들은 북한 돕기 사역에 헌신해 온 홍정길 목사의 호소에 귀를 기울여야 한다.

"통일 문제만큼 교회가 민족과 역사 앞에서 할 수 있는 큰일은 없을 것입니다. 우리에게 주신 이 큰힘을 가지고 통일을 위해서 헌신해야 할 것입니다. 통일을 하는 데 많은 비용이 든다면 누가 손해를 감수하려고 하겠습니까. 하나님의 자녀이며 그리스도의 구속의 은혜를 입었다면 바로 우리 크리스천이 손해를 감내해야 합니다. 교회가 대신 아파해 주고 희생을 감내하는 직무를 포기하면 교회와 민족은 또 한 번 고통을 당할 것입니다."

6부

홍정길 목사와의 대담

목회 인생 40년,
주님이 주신 숙제 열심히 하면서 달렸다

2012년 2월, 홍정길 목사는 남서울은혜교회 담임목사에서 은퇴했다. 40년 목회 인생의 한 매듭을 짓고, 새 매듭을 엮어 가는 홍 목사를 은퇴 후 3개월 만에 밀알학교에서 만났다.

홍정길 목사의 메시지를 들으면 그 사람 속에 펄펄 끓는 복음의 용광로가 보인다. 복음과 복음의 능력을 말하지 않고는 스스로를 주체할 길 없는 복음 전도자의 숙명이 느껴진다. 그동안 남서울은혜교회 성도들은 강단에서 그 숙명이 토해 놓는 은혜의 시간에 감격하고 참회하며 도전을 받았다. 교회 밖에서 그의 족적은 차라리 연표와 신문 기사를 찾아보는 것이 더 수월할 만큼 뚜렷하다. 그가 내디딘 큰 걸음을 이어 가려면 다음 세대 리더들은 보다 단단한 채비를 갖추고 엄숙한 부담을 짊어져야 할 것이다.

그의 삶도 인생이라 굴곡 깊은 시간들이 없진 않았다. 그런데 그의 맺음말들은 하나같이 밋밋하게 들렸고, 이상한 것은 그 밋밋함이 자꾸 울림이 되어 곱씹게 된다는 것이었다. 그 밋밋함의 원천을 따져 봤더니 그가 인생 키워드 첫 번째로 꼽은 '자유'에 가 닿았다. 내 것과 하나님의 것을 철두철미하게 구분하고, 소유의 구속보다는 자유의 가치를 일찌감치 선택한 홍정길 목사는 털털한 웃음만큼이나 세상과 세상의 것으로부터 가벼워져 있었다. "진리를 알지니 진리가 너희를 자유롭게 하리라"(요 8:32)는 말씀처럼, 하나님을 아는 만큼 그는 인생에서 자유의 폭을 누렸다.

우리는 현장에서 한 걸음 물러선 그의 발걸음에서 아쉬움을 느끼면서도, 그의 어깨가 만들어 나갈 새로운 지평에 여전히 적잖은 기대를 안고 그를 바라본다.

여는 말

2012년은 남서울은혜교회 창립 20주년이 되는 해이자, 교회의 시작과 함께하셨던 목사님이 은퇴하신 해이기도 합니다. 2월 은퇴 후에도 여전히 바쁜 일정을 소화하고 계시는데, 목사님은 은퇴 후에 어떤 모습을 그리셨습니까?

참으로 하고 싶고 원하는 일이 있습니다. 지금 진행되는 설악예수마을이 완공되면 정말 엎드려 전심으로 기도하는 일을 하고 싶습니다. 지금까지는 그런 시간을 제대로 갖지 못했습니다. 그래서 그 갈급함이 아주 큽니다. 하지만 눈앞에서 벌어지는 상황을 볼 때 내가 뒤로 물러나서 기도하는 것이 과연 주님이 원하시는 일인지, 아니면 나 자신이 원하는 일인지 아직 확신이 서지 않습니다. 엎드려 기도만 하고 싶은데, 그것이 정말 주님이 원하시는 일인지 모르겠다는 말이지요. 그래서 그 문제를 놓고 기도하고 있어요. 일례로 교착상태에 빠져 끝이 없어 보이는 남북 문제나 통일 문제 같은 일들을 내가 하는 것이 주님의 뜻인 것 같기도 하고요. 누군가 나 대신 해 줄 사람만 있으면 정말 기도만 하고 싶습니다.

남서울은혜교회와 사역의 원칙들

남서울은혜교회를 한마디로 말한다면 — 남서울은혜교회의 지난 20년을 돌아볼 때 교회의 특징을 한 마디로 요약한다면 어떻게 말할 수 있을까요?

우리 교회는 힘든 일 하는 교회입니다. 그래서 우리가 하는 일엔 방해꾼이 없습니다. 힘드니까 아무도 안 끼어드는 거지요. 성도들에게 "불편하게 살자"고 말했습니다. 우리가 불편하게 살면, 그만큼 편해지는 사람들이 있으니까요. 예를 들어, 예배 볼 때 쓰는 의자를 보세요. 우리가 예배드리는 그레이스홀은 의자를 치우면 아이들이 뛰노는 체육관이 됩니다. 주일마다 의자 접고 펴고 하는 거 쉬운 일 아닙니다. 불편한 일이에요. 그렇게 예배를 드려 왔습니다. 하지만 우리가 불편한 만큼 밀알학교 아이들이 좋아하고 행복해 합니다. 덕분에 우리는 400여 명의 장애인과 함께하는 교회입니다.

손해 보면서 살자고 하니까 다퉈 본 일이 없습니다. 손해 보겠다고 달려드는 사람은 없으니까요. 그것이 크리스천 아닙니까? 주님도 그러셨잖아요. "그가 징계를 받으므로 우리는 평화를 누리고 그가 채찍에 맞으므로 우리는 나음을 받았도다"(사 53:5). 크리스천에게는 실질적으로 그런 희생이 필요합니다. 큰일이든 작은 일이든 소금이 되는 삶이지요.

하나님께 영광을 돌린다는 것은 하나님이 우리 것을 모두 빼앗아 가신다는 말이 아닙니다. 하나님은 우리가 최선의 삶을 살기를, 가장 멋진 인생이 되기를 원하십니다. 그 비밀을 알고 나니 다른 목사님들이 어떻게 살든 비교하지 않고 관심도 없어졌습니다. 하나님이 나 때문에 욕을 들어서는 안 되지 싶어서 이를 악물 때가 많았습니다. 남서울교회와 남서울은혜교회로 이어지는 목회를 하면서 여느 교회와 다른 길을 걸었던 것은 이 목표 때문입니다.

남서울은혜교회가 하나님의 영광을 기뻐하고 즐거워하기보다는 우리 유익과 즐거움에 관심을 갖는다면 이 교회는 타락할 겁니다. 틀림없습니다. 우리 교회는 하나님의 영광을 즐거워하는 교회가 되어야 합니다. 그것만 놓치지 않으면 됩니다.

참 잘했다고 생각하는 사역 ― 남서울은혜교회에서 목회하시면서 수많은 사역들을 일구셨습니다. 모두 의미 있고 지속되어야 할 사역입니다만, 그중에서 이건 참 잘했다고 생각하시는 사역은 무엇입니까?

먼저 생활훈련학교를 꼽겠습니다. 제자 훈련, 리더십, 멘토십 등 다양한 이름의 신앙 훈련들이 오늘날 성도 관리 시스템, 아니면 네트워킹으로 전락해 버렸습니다. 안타깝게도 그 결과에 실천이 따르지 않았기 때문입니다. 무엇이 문제인가 돌아보면 결국 중요한 건 말씀입니다. 하나님의 사역으로 온전한 사람을 만들 뿐만 아니라 그 행한 일로 온전해져야 한다는 분명한 목표가 있어야 합니다. 그런데 온전한 사람이 되었다고 생각하면서도 하는 일은 온전하지 못한 경우가 허다합니다. 왜 온전한 삶을 살지 못하는 것일까요? 말씀이 삶에 내면화되지 않아서 그렇습니다. 그래서 시작한 것이 생활훈련학교입니다.

생활훈련학교는 작년에야 비로소 전체적인 프로그램이 완성되었습니다. 인생이란 여정에 맞춰 단계별로 만든 학교입니다. 처음 시작하면서 하나님이 사람을 키울 때 어디에서 시작했는지 성경을 살펴봤습니다. 아담과 하와를 결혼시키신 것을 새롭게 발견했지요. 그래서 결혼예비학교부터 시작했습니다. 그 다음은 신혼커플학교, 부부태교학교, 애착부모학교, 새세대엄마학교, 사춘기부모학교, 크리스천부모학교, 청년기부모학교, 부부학교, 어머니학교, BMR, 새롬평생대학 등 12개의 학교가 이어집니다.

아직 완성되지 않은 마지막 학교는 호스피스학교입니다. 이 학교는 설악예수마을 들어가서 직접 완성해 보려고 합니다. 그렇게 되면 20년 만에 라이프 사이클에 따른 학교가 완성됩니다. 각 학교가 인생의 때마다 필요한 것을 배울 수 있는 생활훈련학교인 거지요.

두 번째는 장애인 사역입니다. 이 사역은 발달장애아를 둔 엄마들의 기도로 시작되었습니다. 그 기도를 알고 너무 마음이 아팠습니다. "하나님, 나 죽기 1년 먼저 내 아이를 데려가 주십시오." 이 얼마나 참혹한 기도입니까? 그 기도에서 밀알학교가 시작되었습니다.

아이들이 학교에 와서 공부를 하고 13년이 지나면 졸업을 합니다. 그런데 성인이 된 장애아는 엄마가 컨트롤할 수가 없습니다. 그러니 아빠까지 아이를 지키는 간수가 되어야 합니다. 지각 있는 존재는 자신을 사랑해 주고 은혜를 준 사람을 알아보지만, 자폐아 같은 발달장애인은 자기 안에 갇혀 있기 때문에 그걸 모릅니다. 그러니 부모가 느끼는 절망이란 이루 말할 수가 없지요.

그런데 자폐아는 자신을 사랑해 준 부모는 고마운지 몰라도, 자신에게 월급 준 사람은 기억하고 충성하더라고요. 학교를 졸업한 아이들에게 직업 훈련을 시켜 월급을 주면서 알게 되었습니다. 사람이 그렇게 이기적인 존재예요. 직장에 다니면서 월급을 받은 발달장애아를 보니까, 학교에서는 학습 성과를 볼 수 없었지만, 직장에서는 큰 진보를 이루더라고요.

그래서 강남구청의 수탁을 받아 자폐아들에게 직업 교육과 훈련을 시키기 시작했고, 그들의 취업을 위해 시작한 일이 굿윌스토어입니다. 살다 보면 누구에게나 쓸 만한 물건 20-30개는 생깁니다. 그걸 굿윌스토어에 가져오고, 장애인들이 정리해 내놓습니다. 비장애인이 조금만 정성을 들이면 할 수 있는 일입니다. 그러면 많은 사람을 도울 수 있어요. 장애인은 직업이 생기고, 가난한 사람은 적은 돈으로 중고품이지만 물건을 구입할 수 있지요. 굿윌스토어에는 그렇게 적혀 있습니다. "고객이 지불한 현금은 일하시는 장애인의 월급입니다."

장애인을 위한 학교, 직업 훈련, 일터에 이어 시작한 일이 그룹홈입니다. 부모라고 해도 장애인과 함께 사는 것은 부담이 되고 어려운 부분이 있습니다. 평일에는 장애인들끼리 모여 살다가 주말에는 부모에게 보내집니다. 사랑으로 견딜 수 있을 때까지는 주말에 부모가 장애인을 돌봅니다. 부모가 세상을 떠나면 장애인은 어떻게 될까요? 그 후에는 그룹홈에서 살게 됩니다. 이렇게 한 사람의 장애인이 세상에서 사는 동안 배우고 직업을 갖고 부모가 떠나도 살 수 있도록 사이클을 완성하는 데 20년이 걸렸습니다.

생활훈련학교나 장애인 사역이나 오랜 시간에 걸쳐 이렇게 하나씩하나씩 완성되었습니다. 한 단계가 지나면 그 다음 단계가 보이고, 그래서 또 다음 단계를 만들었습니다. 저는 끝은 안 봅니다. 지금 해야 할 일을 하는 것뿐이지요. 그랬더니 열매가 맺히는 데

홍정길 목사는 자신의 사역 중 가장 잘한 것으로 생활훈련학교와 장애인 사역을 손꼽는다.

20년이 걸린 거고요.

  감사한 것은 이 일을 놓치지 않게 해 주신 하나님의 은혜입니다. 성도들의 기도와 헌신이 있었기에 가능했던 일이지요.

천천히 이루어 간 사역들 — 일반적인 경영론은 일을 하려면 장기적인 목표와 계획을 세우라고 조언합니다. 그런데 목사님은 끝을 내다보지 않고 지금 눈앞에 벌어진 해야 할 일에 집중하고 그 다음 일이 보이면 또 일하는 방식으로 사역해 오셨습니다. 참 잘했다고 생각하는 사역 두 가지를 20여 년에 걸쳐 차근차근 하신 셈인데, 그 시작과 과정이 뜻밖입니다.

한국대학생선교회(CCC)에서 나올 때 '비전'은 졸업했습니다. 비전이라는 미명 아래 영혼이 상하는 것을 너무 많이 봤습니다. 결과가 아무리 대단해도 영혼이 상하면 의미가 없습니다. 그래서 비전이라는 말을 좋아하지도 않고 쓰지도 않습니다. 비전이라는 것은 거창한 계획이 아니라 하나님이 하시는 일을 보는 것입니다. 하나님의 손길을 보는 것이 나에게는 비전이지요.

  하나의 사역을 꾸준히 한 단계 한 단계 밟아 가는 데는 선친과 학교 은사이신 안병욱 교수님의 조언이 결정적이었습니다. 두 분으로부터 '3년'과 '10년'이라는 시간에 대해 배웠으니까요.

  CCC에서 학생운동을 하다가 목회를 시작했을 때 참 힘들었습니다. 학생 선교 단체에서는 변화가 금방 눈에 띄었는데, 목회를 해 보니까 영판 다르더라고요. 너무 힘들어서 안 되겠다 싶었습니다. 그래서 선친과 상의를 했습니다. 실력이 없어서 힘든 건가 싶어 더 공부하기 위해 목회를 그만두겠다고요.

아버님이 이렇게 말씀해 주셨습니다. "힘들지? 그런데 힘들다고 이 일 그만두고 공부하면 더 힘들어진다. 나무도 3년은 지나야 죽었는지 살았는지 아는 법이다. 그런데 3년을 못하고 여기서 도망치면 너는 평생 도망자가 될 것이다. 이거 3년 하다 도망치고, 또 저거 3년 하다 도망치고. 지금 힘든 거 이긴 다음에 공부해라." 아버님 말씀 듣고 3년을 버텼습니다. 그때 이겨서 계속 목회할 수 있었던 거지요. 그 3년 때문에 여기까지 온 겁니다.

숭실대 철학과 은사님이신 안병욱 교수님은 이런 말씀을 하셨습니다. "홍 군, 한 가지를 붙잡고 10년을 해보게. 그러면 그 분야의 전문가가 되네. 우리나라는 전문가가 없네. 무슨 일이든 10년을 해서 전문성이 생기면 다른 사람들에게 많은 도움을 줄 수 있네."

그 말씀 들은 뒤로, 뭐든 붙잡으면 10년을 합니다. 10년 하면 전문성이 생기고, 20년 하면 구체적인 열매를 거둡니다. 생활훈련학교와 장애인 사역이 바로 그 좋은 예입니다.

사역, 사람, 갈등 ― 모든 사역은 사람과 함께합니다. 아무리 열매가 훌륭한 사역이라도 사람이 함께 일하다 보면 갈등이 생길 수밖에 없는데요. 문제가 생겼을 때 어떻게 갈등을 해결하시는 편입니까?

사람 대 사람의 문제는 그 사람과 나와의 문제로 좁히면 힘들어집니다. 우리에게는 늘 바라봐야 할 하나님이란 분이 있지 않습니까? 하나님이 무엇을 좋아하시는지, 그분이 이 사건을 어떻게 생각하실지 참 많이 생각합니다. 내가 싫더라도 하나님에게 옳다면 받아들여야지요. 또 하나님이 용납했으면 나도 용납해야 합니다. 인간적으로 볼 때, 쉽지 않은 일일지 모르지만 다행히 그렇게 할 수 있었습니다. 나는 포용력이 없지만 하나님은 포용력이 있으신 분입니다. 그래서 그분에게 맡겨 드린 거지요.

나와 함께하는 사람들을 보면, 주로 나와 오랫동안 같이 일한 분들이 중심입니다. 영적인 DNA를 오래 함께 공유한 사람과 일하는 편이지요. 함께 일하는 과정이 없으면 진정한 교통이 이루어지기 힘들기 때문입니다. 새로운 사람과 일하는 경우는 드문 편입니다. 그 사역에 부름을 받은 사람이라면 나름대로 여러 검증 절차를 거치고요. 공개할 수는 없지만 원칙과 기준은 분명합니다. 내가 판단하지 않을 일은 판단하지 않는 것 또한 원칙입니다. 남서울교회 후임을 제가 결정하지 않았던 것도 그런 원칙을 지킨 경우지요.

언제든, 누구든 돕겠다는 자세로 ― 남서울은혜교회에서 함께 일한 사람을 한 번도 나가라 하신 적이 없다는 이야기를 들었습니다. 교회 또한 조직의 운영적인 측면이 있는데, 가능한 일인가요?

"하나님이 무엇을 좋아하시는지, 그분이 이 사건을 어떻게 생각하실지 참 많이 생각합니다."

같이 일하기로 결정되었다면, 그 사람이 주님 앞에서 일하는 데 내가 어떤 도움을 줄 수 있는가 하는 것이 최대 관심사입니다. 나와 그 사람이 어떻게 잘할 수 있는가 하는 것은 둘째 문제예요. 그 사람이 주님 앞에서 사용될 때 내가 어떻게 도울 것인가가 가장 우선순위지요. 누군가와 일할 때든 언제나 나의 첫 번째 관심사입니다.

CCC에 있을 때 처음으로 그런 습관을 가졌습니다. 1971년 8월, 대전 충무체육관에서 1만 명 민족복음화요원 강습회가 열렸습니다. 그때 고작 스물여덟 살이었죠. 총무를 맡으라는 김준곤 목사님의 지시에 순종하긴 했지만, 사실 그 집회를 준비하는 일은 어려운 일이었습니다. 나이가 어리다 보니 명령도 지시도 하기 어려운 입장이었지요. 그래서 전국을 돌아다니며 집회를 준비할 때 내가 한 일은 하나뿐입니다. "목사님, 무엇을 도와드릴까요?" 그렇게 묻고 도와드리는 것이 전부였습니다.

그때 배웠습니다. 하나님이 부르셨을 때 바른 자세로 서 있다면 얼마나 큰일을 해낼 수 있는지 몸으로 배웠습니다. 나는 아무것도 지시하지 않았습니다. 김준곤 목사님이 주님 앞에서 일하실 때 총무로서 내가 무엇을 도와드릴까 계속 체크하고 다녔습니다. 그것이 내 평생 습관이 되었습니다.

교역자들에게도 마찬가지예요. 나와 함께 일하면 내 관심은 그 사람을 위해 무엇을 도와줄까 하는 것입니다. 안 된 부분이 있으면 지적하고 목표가 무엇인지 묻습니다. 그 사람이 목표를 다시 정하고 나면 이제 뭘 도와줄까 고민합니다. 하나님이 한 사람에게 주신 가능성이 얼마나 큰지 배웠기 때문에 끝까지 그렇게 해 왔습니다.

평신도도 마찬가집니다. 목회하면서 김인수 장로에게도 그렇게 했습니다. 어떻게 장로를 도울 것인가 하는 문제는 나의 숙제였어요. 담임목사로 일하는 동안 하나님이 우리 교회에 여러 부목사들을 불러 주셨습니다. 시니어 목사로서 하나님과 부목사들 사이에서 내가 방해거리는 되지 말아야 한다고 생각했습니다.

나를 통해 하시려는 일인지 묻고 또 묻고 — 교회뿐 아니라 이웃과 사회에 선한 영향력을 끼쳐 온 여러 사역들이 처음부터 평탄했던 것은 아닙니다. 대표적인 사역 가운데 하나인 밀알학교만 하더라도 결코 쉽지만은 않았습니다. 처음엔 근처 아파트 주민들이 격렬하게 반대하고 소송도 불사했지요. 하나님이 원하시는 사역이라고 확신해도 이렇게 눈앞에 만만치 않은 장애물이 있을 때, 이 과제를 그대로 밀고 나갈지 보류해야 할지 결정하는 일은 어려울 것 같습니다. 목사님만의 결정 기준이 궁금합니다.

세상에는 아름다운 사역들이 많습니다. 하나님이 기뻐하시는 일도 많고요. 하지만 그중에 어떤 일이 하나님이 나를 통해 하시기를 원하는 것인지는 내게 늘 고민거리였습니다. "나를 통해 하시려는 일인가?" 그것만 확정된다면 그 다음에는 될 때까지 밀어붙여야지요. 장애물은 문제가 될 수 없습니다. 나를 통해 하시기 원하시는 일인가, 그것이 문제입니다.

그럼에도 불구하고 일을 하다가 안 되는 경우가 있습니다. 그것은 하나님이 내게 열매를 안 주시는 것이지, 그 일이 잘못된 사역이라는 의미는 아닙니다. 사역은 내 일이 아니라 주님의 일이기 때문이지요. 그 일을 시작하신 분이 주님이고, 그 일은 주님의 일이기 때문에 나는 그만둬도 됩니다. 일이 안 되어서 답답한 쪽은 주님이지, 내가 아닙니다. 내 일이라면 내가 끝내지만 그건 주님의 일이지 않습니까?

내게 맡겨 주신 동안 최선을 다해 하는 것이 내 역할입니다. 완성의 책임은 내게 없습니다. 주님의 일이니까요. 그러니까 일하는 동안에 참으로 열심히 해야 합니다.

또 한 가지는, 문제를 어떻게 하나님이 기뻐하시는 뜻대로 풀어 갈지 늘 고민합니다. 얽히고설킨 것이 많을수록 하나님 앞에서 어떤 의미가 있는지 가장 많이 생각합니다. 그러니까 사역의 의미가 중요합니다. 거기서 풀리지 않으면, 그 다음은 풀려도 풀리지 않는 것이나 다름없습니다.

주님이 맡기신 일이므로 — 사역을 시작한 입장에서는 어떻게든 끝까지 주도적으로 끌고 가고 싶다는 생각이 많이 듭니다. 목사님이 시작하신 남서울은혜교회의 의미 있는 여러 사역들이 앞으로도 계속 될 수 있다고 보십니까?

제가 결정할 수 있는 문제가 아닙니다. 내 문제가 아니잖습니까. 주인은 주님입니다. 어떤 사역이든 나를 중심으로 사역을 바라봐서는 안 됩니다.

모든 사역이 주님의 일이라는 점을 기억해야 합니다. 많은 분들이 내가 일을 시작하는 것을 보고는 "그거 못 끝낼 텐데" 하면서 많이 걱정합니다. 하지만 끝내느냐, 못 끝내느냐 하는 것은 내 문제가 아닙니다. 주님이 허락하신 일이므로, 그 일의 주인은 주님입니다. 내가 끝내야 할 주체자가 아니라는 말이지요. 남서울교회 사역도, 남서울은혜교회의 사역도 모두 그렇습니다.

나는 주님이 맡기신 일이므로 했습니다. 주님이 시작하신 일을 내가 해야 할 시간 동안 최선을 다해서 하면 됩니다. 나는 주님의 머슴이므로 주님이 하라는 것만 하면 됩니다. 원한다고 해서 할 수 있는 일이 아니지요.

잦은 발걸음으로 복음의 씨앗을 뿌린 중국 사역

중국 교회를 이끌어 가는 씨앗이 된 사람들 ― 목사님 사역 원칙에서 주제를 바꿔, 이제는 중국 사역 이야기를 듣고 싶습니다. 지난 2월 목사님 은퇴식에서 오랫동안 교제해 온 중국 화가 한 분이 세례를 받아 더욱 감격적인 자리가 되었습니다. 목사님에게 중국은 어떤 의미인가요? 중국에 관심을 가진 계기가 특별히 있었습니까?

처음엔 중국의 의미도 모른 채 기도했습니다. 1960년대 원단금식을 하면 삼각산 백운대 올라가서 "중공을 우리에게 주십시오"라고 기도했지요. 정말 아무것도 모르고요. 말도 안 되는 기도였지만 그렇게 기도했습니다. 그러다 1989년 김진경 박사가 통사정을 하는 바람에 곽선희 목사님과 함께 구경 삼아 연변에 갔습니다. 그때 연변과 그곳 사람들에 대해 깊이 생각하게 되었죠.

이 세상 모든 이민은 좀 더 잘 살자고 하는 이민이지만, 우리 선조들이 연변과 블라디보스토크로 이민한 예는 완전히 다릅니다. 그분들은 조국이 워낙 못나서 울면서 이 땅에서 쫓겨난 사람들이거나 독립운동가의 후예들입니다. 우리가 이만큼 살게 되었으니까 역사의 질곡에서 고통받으며 살았던 그분들 삶을 인정해 주어야 합니다. 그분들 덕분에 오늘 우리가 있으므로 그분들은 존경해야 할 대상이지요.

그래서 곽선희 목사님에게 연변과기대를 짓자고 했습니다. 곽 목사님이 재단이사장을, 내가 실행위원장을 맡아 지었지요. 그런데 내가 청년운동을 했던 사람인지라 건물 짓는 일보다는 역시 학생 키우는 일이 재미있어서 아예 북경에서 학생들을 키우기 시작했습니다. 그때 시작된 성경공부 그룹은 벌써 20년이 넘었습니다.

그 그룹에서 300명이 넘는 목회자가 나왔다고 들었습니다. 삼자교회와 처소교회가 아닌 새롭게 등장한 도시 교회입니다. 중국 헌법이 정한 대로 중국 사람에게 복음을 전하는 일이 가능한 교회로, 그 주력 부대가 그때 성경공부를 같이 한 사람들입니다.

연변에 세운 목회자훈련센터는 오랜 시간을 들여 올해 드디어 전 과정을 갖추었습니다. 처음에는 1개월 과정만 허가해 줘서 몇 년을 하다가, 다시 3개월 과정을 허가받았습니다. 재작년 3년짜리 석사 과정(M. Div)을 만들었을 때는 3년에 한 번씩만 신입생을 뽑도록 허가해 주었는데, 지금은 1년에 한 번씩 뽑을 수 있는 허가가 났어요. 이렇게 제대로 된 교육 과정을 하나 마련하는 데 17년 걸렸습니다.

함께 성경공부한 사람들은 축복이자 재산 — 그렇게 성경공부 그룹을 만들고 목회자훈련센터를 세우는 일은 처음 중국에 가셨을 때부터 계획하신 것들이었습니까?

언제든, 무슨 일이든 내게 계획은 없습니다. 주님이 주신 숙제를 열심히 할 뿐입니다. 그러면 다음 길이 열립니다. 또 그 다음 길이 열리고. 계속 그렇게 길이 열려 열심히 하는 거지요. 주님이 "됐다"고 말씀하시면 그땐 그만해야죠.

북경에 갔을 때 처소교회가 요원의 불길처럼 일어났습니다. 어찌해야 할 바를 몰라서 우왕좌왕 하는 지도자들을 도왔습니다. 북경 가면 다들 나와 관련 있는 사람들이 목회하고 있습니다. 그게 내 재산이고 축복입니다. 그들을 생각만 해도 아주 좋습니다.

함께 성경공부한 사람들 중에는 북경대학이나 청화대학 등에서 교수가 된 사람들이 꽤 있습니다. 나는 성경공부 그룹에서 같이 공부한 사람들에게 신학하지 말고 공부를 계속하라고 충고합니다. 공부 잘하는 사람이 모두 신학만 하면 안 되니까요. 학교를 중심으로 훈련하면서 젊은이들을 변화시키는 일을 해야지요.

중국인의 눈으로 중국을 보라 ― 중국 선교라는 사명을 가지고 지금 현장에서 일하고 있고, 또 중국을 품고 꿈꾸는 이들도 적지 않습니다. 선교적으로, 또 문화적으로 오랫동안 중국을 경험한 것을 바탕으로, 그분들에게 어떤 조언을 해 줄 수 있을까요?

중국에 자주 다니니까 공안이 의심을 합니다. 왜 자꾸 오냐고요. 그래서 골동품 좋아해서 온다고 했죠. 명분은 골동품 수집인데 증거가 있어야 하잖아요. 그래서 증거 삼아 중국 돈 100-150원짜리 골동품들을 사기 시작했습니다. 이랜드 박성수 회장이 컬렉션을 해 달라고 부탁해서 4천여 점을 모았습니다. 사다가 차곡차곡 쌓아 두기만 하고 열어 보지는 않았습니다.

그렇게 10년 동안 중국 예술품을 모았습니다. 세상에 공짜로 크는 건 없습니다. 대가를 지불해야 알게 됩니다. 구경만 하지 말고 사 봐야 아는 법이거든요. 누구든 오래오래 그림을 보면 좋은 그림과 대화가 됩니다. 좋은 그림은 보면 볼수록 정이 들고 대화가 되는데, 나쁜 그림은 처음에는 좋다가도 금세 싫증이 납니다. 10년 동안 중국 도자기를 모으면서 스타일과 색채 보는 눈을 키워왔다고 생각했지요.

그러다가 10년 동안 쌓아 둔 작품들을 보고 깜짝 놀랐습니다. 중국 사람의 눈으로 중국 작품을 본 것이 아니라 한국인의 눈으로 한국 사람이 좋아하는 것을 봐 왔더라는 말입니다. 그래서 중국적인 작품들을 많이 놓친 게 아닌가 싶었습니다. 중국 사람의 눈으로 중국 작품을 봐야 좋은 것을 찾고 모을 수 있다는 걸 배운 셈이지요. 그렇지 않으면 중국을 제대로 알 도리가 없습니다.

중국인의 눈으로 중국을 보는 것. 그렇게 하지 않으면 중국을 모릅니다. 중국인, 중국 예술, 중국 풍습 등 모든 것이 그렇습니다. 그렇게 하다 보면 중국과 중국 사람을 사랑하고 존경하게 됩니다. 선교적인 마인드도 마찬가지지요. 중국인의 눈으로 중국을 보는 것이 그래서 중요합니다.

세계 역사상 중국만큼 뛰어난 나라는 없습니다. 모든 세계 문물은 중국으로부터 시작되었습니다. 종이, 화약, 나침반, 도자기 등등 최고의 문물들이 실크로드를 통해 세계로 뻗어 나갔습니다. 중국 도자기만 해도 중국 문화의 탁월함을 바로 알 수 있습니다. 도자기가 나오기 이전에는 철기와 목기밖에 없었습니다. 음식을 먹는 데 불편하고 비위생적이었습니다. 사람들의 수명까지 단축됐지요. 도자기가 나오면서 그런 문제들은 모두 해결되었습니다.

중국은 어떤 민족이 지배 세력이 되더라도 중국 문화를 계승 발전시켰다는 것이 특징입니다. 만주족이 왕권을 잡든, 몽골족이 왕권을 잡든 그들은 역사의 뒤안길로 사라졌지만 중국 문화는 남았습니다. 중국은 다양한 인종과 문화를 하나로 융합시키는 거대한 용광로(melting pot)와 같습니다. 중국 옆에 있던 우리 민족이 우리 것을 지키면서 동화되지 않은 것도 참 대단하다는 것을 새삼 느끼는 대목이지요.

전반적으로 중국의 수준이 크게 향상되고 훌륭한 개인도 많이 있습니다만, 신학적으로는 아직 빈약한 수준입니다. 한국 교회가 중국 교회에 기여할 부분이 있는 것은 분명하지만, 겸손한 자세로 접근해야 한다는 것만큼은 기억해야 합니다.

동토의 땅 연해주를 보듬어 살길을 마련하다

만남 그리고 교육 — 남서울은혜교회는 연해주에서 현지에 사는 고려인들, 탈북자들, 러시아 사람들에게 실질적인 도움을 주기 위해 교회 개척, 농업, 문화, 학교, 북한 사역 등 다양한 분야에서 일해 왔습니다. 그곳이 남서울은혜교회에게 특별한 선교지가 된 이유는 무엇입니까?

앞서 말씀드렸다시피 우리나라 140년 이민 역사를 보면, 모두 자기 가족 잘 살자고 떠난 이민이었습니다. 그렇지만 연해주로의 이민은 도저히 이 땅에서 쫓겨나다시피 한 이민입니다. 초기에 연해주에 가신 분들은 정말 비참하고 불쌍했습니다. 조국 광복을 위해 정말 애쓰신 분들이었지만, 안타깝게도 초기 정착 과정이나 공산 정권에 의한 강제 이주 등 매우 뼈아픈 눈물의 역사를 갖고 있습니다.

처음에는 연해주 선교사로부터 한 번만 방문해 달라는 요청을 받고 갔습니다. 현장에서 만난 고려인들의 삶은 참으로 끔찍하고 가난했습니다. 무슨 사역을 한다기보다는 어떻게든 이 사람들 살게 해 주자는 생각밖에 없었습니다. 그래서 농업 사역을 시작하게 되었지요.

그 일 열심히 하고 있으니까 또 그 다음 일이 보였습니다. 그래서 교회 개척 사역, 문화 사역, 북한 사역 등 하나씩 하게 된 겁니다. 하나님 사역에 규모가 무슨 의미가 있습니까? 하나님이 맡겨 주시면 그대로 하면 됩니다. 또 내 것 아니니까 하다가 물려주고 가야 하고요.

연해주 고려인들이 사회주의 체제에서 자라 정직성 훈련이 잘

안 되어 있는 것이 현실입니다. 그래서 교육이 중요합니다. 다음 세대가 바로 자라 좋은 품성이 몸에 배어야 미래가 바뀔 수 있습니다. 학교 교육을 시작한 이유입니다. 이미 자란 사람은 안 바뀝니다.

  실제로 연해주 사역은 참 어려웠습니다. 죽는 것은 쉬운데 버티는 것은 어려워요. 나의 일이면 계획을 세우지만, 나의 일이 아니니까 계획을 세우지는 않습니다. 연해주에 있는 신실한 분들이 하나님의 일을 하는 것이니까요.

연해주 사역의 의미와 가치 ― 연해주가 남서울은혜교회에게는 특별한 사역지임에도 불구하고 보통 사람들에게는 매우 낯설고 관심 밖의 지역처럼 보입니다. 앞으로 연해주는 우리 민족에게 어떤 의미가 있을지 알고 싶습니다.

국가적으로 생각할 때 연해주는 한국이 세계로 나갈 가장 확실하고 좋은 루트라고 생각합니다. 지금은 블라디보스토크에서 모스크바까지 가는 데 일주일이 걸리지만, KTX급 고속열차를 이용하게 된다면 21시간이면 갑니다. 지각변동과 같은 일입니다. 유럽과 아시아가 한 대륙이 되는 것이며 유럽과 아시아가 통합되는 것이니까요. 그야말로 누구도 예상하지 못했던 새 역사입니다.

  지구 대부분의 지역이 이미 자원을 소비했지만, 러시아에는 아직 상당한 자원이 남아 있습니다. 동토에 개발 가능한 부존자원이 있는 거지요. 철의 장막과 추위 때문에 방치되어 있다가 이제는 개발되고 있습니다. 온난화 영향으로 우리와 기온 차도 거의 없습니다. 과거와는 다른 기후 환경이 형성되고 있다는 말이지요. 세계 경제가 어디로 가야 할지 모르는 판국이지만, 그곳은 엄청난 잠재적 가능성을 가진 땅입니다.

우랄산맥 동쪽은 인구 감소 때문에 지금 무주공산과 같습니다. 이 문제를 해결할 유일한 방법은 블라디보스토크를 중심으로 인구 500만 명의 메가시티를 만드는 것입니다. 러시아에게 사활이 달린 문제지요. 러시아 지도자들도 그 점을 잘 압니다. 그래서 푸틴은 대통령에 당선되자 블라디보스토크를 개발하고 시속 400킬로미터로 달리는 고속철도를 놓겠다고 하는 것 아닙니까? 연해주는 우리에게 세계로 나가는 통로가 되는 곳입니다.

또한 선교적으로도 중요합니다. 그 통로의 거점에 무슬림들이 많습니다. 따라서 크리스천들에게는 무슬림 복음화를 위한 가장 손쉬운 루트입니다. 나는 성령이 역사하셔서 그곳에서 복음이 싹트고 복음 운동이 일어나길 기도하고 있습니다. 우리 교회 역시 연해주 사역에 새로운 시각을 가지고 참여하고 있는 것이지요.

또 연해주는 통일로 가는 지렛대 역할을 하는 지역입니다. 북한 사람들이 마음 놓고 활개 치며 다닐 수 있는 곳은 러시아밖에 없습니다. 북한 노동자들은 연해주의 여러 건설 현장에서 노동을 하며 우리와 쉽게 만날 수 있습니다. 말하자면 연해주는 남과 북이 만나는 완충지대인 셈이지요.

통일의 날은 멀지 않습니다. 그래서 더 걱정스럽고 더 많은 준비가 필요합니다. 통일이 제대로 되지 않으면 또 다시 큰 비극을 겪을지 모릅니다. 그리스도의 희생 제물 되심을 안다면, 그리고 예수님의 성육신을 실제로 믿는다면, 통일은 크리스천인 우리가 해야 합니다. 크리스천이 통일 운동의 중심이 되어야 합니다.

통일과 연해주 — 목사님은 연해주를 말씀하실 때 언제나 통일 이후에 대해 언급하십니다. 통일과 연해주, 그 둘 사이에는 어떤 연결점이 있습니까?

통일이 되면 한반도에 살 수 없는 세력이 있습니다. 자기 의지로 남쪽과 북쪽에서 태어나 처음부터 악랄하게 굴었던 사람은 없습니다. 단지 차이가 있다면 그들은 북쪽에서, 우리는 남쪽에서 태어났다는 것뿐입니다. 물론 소수의 원흉은 역사의 단죄를 받아야 합니다. 하지만 어쩔 수 없이 권력의 하수인이 되어 불가피하게 거기에 가담하며 살았던 이들에게는 살길을 열어 줘야 합니다. 나치가 마지막으로 무너질 때 연합군은 그들이 남미로 갈 수 있도록 도주로를 열어 줬습니다. 그래서 수많은 나치 행동 대원이 아마존 밀림으로 빠져나갔지요.

어쩔 수 없이 권력의 하수인이 되었던 이들을 위해 도피성을 마련해 주지 않는다면 엄청난 피의 대가를 치러야 할 겁니다. 그들은 북에서도 남에서도 살 수 없습니다. 그들에게는 도망갈 곳이 필요합니다. 그 도피성이 바로 연해주입니다. 다른 곳은 없습니다. 연해주밖에 없습니다.

우선 지리적인 접근성이 좋은데다가 러시아는 그들을 받아 줄 여건이 되는 국가입니다. 러시아는 불임이 엄청나게 많고 평균 수명은 53세밖에 되지 않아 급속하게 인구가 줄고 있습니다. 인구 감소 사태를 막기 위해서는 인구 유입이 절대적으로 필요합니다. 하지만 그곳에 누가 살겠습니까? 어떻게든 거기서 목숨 걸고 살아갈 사람들이 있다면 제일 좋겠지요. 그러니 통일 이후에 한반도에서 살 수 없는 사람에게 연해주는 최적의 도피성입니다. 그런 의미에서 연해주는 한국 교회에 의미 있는 지역입니다.

한국 교회에 주어진 시대적 과제는 통일

통일의 시작은 마음으로부터 ― 묵묵히 오랫동안 통일의 거름이 되는 길을 걸으셨습니다. 그래서 목사님의 통일 인식과 통일 사역은 한국 크리스천들에게 매우 중요한 좌표입니다. 이 땅의 크리스천들은 통일을 어떻게 생각하고 준비해야 합니까?

이명박 정부에 대한 역사의 평가는 훗날 내려지겠지요. 잘한 일도 많습니다만, 통일 문제만큼은 정말 소중한 기회를 놓쳤다고 생각합니다. 이명박 대통령이 압도적인 표차로 당선되었을 때 북한은 숨도 못 쉬고 기다렸습니다. 그 여세를 몰아 우리가 할 일을 제대로 했더라면 상당한 진보가 있었을 겁니다.

가장 큰 문제는 이명박 정부의 실무 라인에 김하중 통일부 장관 외에는 북한에 대해 아는 게 전혀 없는 사람들을 배치한 겁니다. 일을 하지 않겠다는 의미예요. 북한 관련 글을 한 번도 써 본 적도, 고민해 본 적도 없는 분들이 실무 라인에 있습니다. 조직에서 아랫사람이 무슨 죄가 있습니까? 위에서 책임져야지요. 명백히 이명박 정부의 책임입니다.

통일하려면 무엇보다 북한을 품을 넉넉한 마음이 필요합니다. 미국은 4년 동안 남북전쟁이란 내전을 치른 나라입니다. 참혹한 전쟁이었죠. 하지만 남북전쟁이 끝나고 나서는 마치 전쟁이 없었던 것처럼 봉합되었습니다. 제일 중요한 원리는 에이브러햄 링컨의 마음에 있다고 봅니다. 전쟁 막바지에 부하가 묻습니다. "각하, 저들이 돌아오면 어떻게 대하시겠습니까?" 링컨의 대답이 인상적입니다. "전쟁하기 이전으로 영접해야지요." 링컨은 말한 그대로 했습니다.

전쟁 막바지에 남군은 보급로를 차단해 아사 작전을 펼칩니다. 그랬더니 링컨은 식량을 공수하라고 명령합니다. 국방장관은 이를 반대합니다. "각하, 세계전쟁사에 적군에게 식량을 공급한 예는 없습니다." 링컨의 반응에서 링컨의 마음을 읽습니다. "저들은 우리의 적이 아니라 미국 국민입니다." 그 마음이 정말 중요합니다. 이 일은 세계 전쟁사에서 상대편에게 식량을 공급한 유일한 경우입니다.

그러나 링컨은 전 북군을 대표해 암살당하고 맙니다. 희생은 엄청난 힘을 가지고 있습니다. 희생이 새로운 세상을 엽니다. 우리는 예수님의 십자가를 보면서도 희생을 하지 않습니다. 하나님은 다른 것은 안 보시고 마음을 보십니다.

북한에 식량을 지원해야 합니다. 특히 자기 인생을 책임질 수 없는 어린아이들에게 식량이 가면 좋겠어요. 군인들에게 식량이 간다고 반대하는데, 군인도 백성입니다. 마음이 눈에 보이지 않는다고 함부로 사용하면 안 됩니다. 마음을 보시는 분은 따로 있습니다. 나는 중국말을 거의 못합니다. 그런데도 중국에서 일하고 친구들도 많이 사귑니다. 마음이 통하기 때문에 가능한 일입니다. 그만큼 마음에 따라 세상을 변화시킬 수 있습니다.

실패에서 배우려는 지혜 ― 정부도 오랫동안 북한 사역을 하신 목사님이 실제적인 조언을 하실 수 있는 인물이라는 점을 충분히 알 것 같은데요.

내게 조언을 구하기는 합니다. 들으러 오긴 오는데, 듣는 데서 끝나요. 듣는 것이 소통은 아니잖아요. 들어도 아무 변화가 없습니다. 이명박 정부 초기에 '잃어버린 10년'이라는 말을 자주 했습니다. 하지만 역사라는 게 어디 단절될 수 있는 겁니까? 역사는 흐름입니다. 그래서 소중한 것이라면 아주 작은 것도 놓쳐서는 안 되며, 나쁜 것은 반면교사로 삼아 자산으로 축적해야 합니다. 앞선 정부에서 실패한 것이 있다면 거기서 배우면 되잖아요? 실패보다 더 좋은 메시지를 어디서 배우겠습니까? 실패는 엄청난 지혜를 안겨 줍니다. 역사에 빛을 남긴 많은 사람들은 무수한 실패를 경험했지만 거기에 굴복하지 않고 실패에 담긴 지혜와 축복을 놓치지 않습니다. 이 사실을 기억해야 합니다.

탈북 동포들은 하나님이 보내 주신 선물 — 한국 교회는 통일을 위해, 그리고 북한 주민들을 위해 어떻게 해야 합니까?

할 수 있는 것부터 시작하면 됩니다. 탈북 동포들은 통일 예행연습을 위해 하나님이 보내 주신 선물 같은 존재들입니다. 그분들을 마음으로 도와야 하는 이유가 바로 여기에 있습니다. 둘째, 그들을 능력 닿는 데까지 계속 도와야 합니다. 셋째, 방법만 있으면 그들을 만나려는 몸부림을 중단해서는 안 됩니다. 만나야 합니다. 만나면 남쪽이 북쪽의 영향을 받는 것보다 북쪽이 남쪽의 영향을 더 많이 받습니다. 그런데도 북쪽이 계속 만나자고 하는 게 나는 좀 신기합니다.

탈북자들을 보면 우리와 차이가 많습니다. 그러니까 좀 더 잘 살고 여유 있는 우리가 그분들에게로 가야 합니다. 그것이 인카네이션(incarnation)입니다. 우리가 그분들에게 내려가 만나야 합니다. 북한에게 속는다고 걱정하는 분들이 있습니다. 하지만 더 많이 속고 알면서도 속아야 합니다. 인카네이션이 그런 것 아닙니까? 예수님도 하셨으니 우리도 해야 합니다. 〈꿈에도 소원은 통일〉이라는 노래를 부르려면 그렇게 해야 합니다. 그럴 생각 아니라면 그 노래 부르지 말아야지요.

무슨 일이든 고귀한 것을 얻으려면 대가를 지불해야 합니다. 지불한 대가보다 더 큰 가치가 있어야 하는 것이고요. 통일이 그렇습니다. 통일이라는 고귀한 것을 얻기 위해 대가를 지불하는 것은 당연한 일입니다.

하나님의 뜻 분별하기

하나님이 사람을 허락해 주시면 — 사역 이야기에서 초점을 옮겨 조금은 개인적인 이야기들을 듣고 싶습니다. 한국 교회의 어른으로서, 또 신앙의 선배로서 이럴 때 어떻게 결정하시는지 궁금합니다. 앞에서 목사님은 은퇴 후에는 뒤로 물러나 기도에 매진하고 싶다고 하셨는데, 현실적으로는 여전히 목사님의 역할이 필요한 사역들이 있습니다. 그렇게 하고 싶은 일과 해야 하는 일이 다를 때

목사님은 어떻게 선택하십니까?

씨름해야죠, 하나님 앞에서. 하지만 하나님은 내가 아무리 싫다고 해도 그분이 정말 내게 원하시는 일에는 몇 가지 증표를 주십니다. 마음으로도 주시고, 말씀으로 직접 주시는 경우도 있습니다. 그런 일이 평생 세 번 있었지요. 하지만 그걸 강조하지는 않습니다. 다른 사람도 그렇게 해야 한다고 생각할까 봐 그 부분에 대한 자세한 이야기에는 입을 닫습니다.

나는 하려는 일에 대해 목표를 분명히 압니다. 그러나 이론이나 실무에 대해서는 별로 아는 게 없어요. 그때 하나님은 그 일을 잘 아는 사람을 허락해 주십니다. 그러면 그 일이 내가 해야 할 일임을 알게 되죠.

혼자 보고 듣고 읽는 거 좋아합니다 ─ 목표가 분명한 목사님에게 사람을 주신다면 하나님이 허락하신 일이라고 확신하는 거군요. 하나님이 주신 일이라고 판단하는 나름의 증거인 셈이네요.

그렇습니다. 나는 일을 잘 못합니다. 많은 분들이 나를 일 잘하는 사람으로 생각하는데, 완전히 오해입니다. 일할 줄도 모르고 일도 싫어합니다. 혼자 음악 듣는 거, 조용한 데 가서 책 읽는 거, 그림 보는 거 이런 정적인 것들을 참 좋아합니다. 이 느긋한 게으름을 참 즐겁니다. 그걸 제일 정확하게 아는 사람이 아내입니다. 다른 분들은 내가 이렇게 말하면 동의하지 않는데, 아내는 동의합니다.

그런 사람이니 내게 일은 참 괴로운 것입니다. 정말 쉬고 싶어요. 평생 그 느긋한 게으름을 누리지 못했어요. 아내는 일 때문에 쫓기듯 다니는 나를 보며 안타까워합니다.

이상한 것은 내가 일을 붙잡으면 일이 잘된다는 겁니다. 하지만 내가 한 일이 아니라는 것은 누구보다 내가 제일 잘 알지요. 내가 한 것이 아니라 그분이 하신 겁니다. 내가 현장에 있으니까 많은 사람들이 눈에 보이는 나만 보고 일하신 그분을 보지 못합니다. 그러고는 홍 목사 일 잘한다고 말하죠. 그 많은 일은 그분이 하신 것인데도 말입니다.

끓는점에 이를 때까지 전진 — 늘 많은 사역에 관여하신 분이라 목사님이 일을 굉장히 좋아하시는 분인 줄 알았습니다. 꾸준함과 추진력 있는 사역들을 보면 누구나 그렇게 생각할 겁니다. 그렇게 주님이 주신 일이라는 확신이 들면 모든 걸 쏟아부으시는 성격입니까?

한번 목표를 보면 아니라고 할 때까지는 갑니다. 아니라는 것을 알 때까지는 앞으로 나가는 것이지요. 전진, 또 전진! 늘 그랬습니다. 물을 끓여 보면 99도 될 때까지는 미동도 하지 않습니다. 99도에서 1도만 올라가면 그 순간 물은 끓기 시작합니다. 그런데 99도

에서 돌아서면 물 끓는 것을 볼 수가 없습니다. 1도는 그렇게 중요합니다. 그러니 끓는점 될 때까지 갑니다. 하지만 하나님이 그만두라면 물러나야 합니다. 아무리 불을 많이 때 놨더라도, 그분이 아니라고 하시면 돌아서야죠.

대신해 줄 사람만 있다면 ─ 자신이 원하는 일인지 주님이 원하시는 일인지 명확하지 않을 때 기도한다고 하셨습니다. 하지만 목사님만이 하실 수 있는 일이라면 주님이 주신 일이라고 판단할 수 있을 것 같은데요.

그래서 고민하고 기도하는 것이지요. 가끔 제 주변 사람들은 전혀 보지 못하는 걸 내가 볼 때가 있습니다. 그럴 때 내가 해야 할 일이 아닌가 하는 생각을 합니다.

예를 들어, 세계적으로 훌륭한 연주가의 50퍼센트가 한국에 있습니다. 정말 탁월한 연주가들인데, 그분들 90퍼센트가 교회에서 배출된 분들입니다. 정말 한국과 한국 교회가 가진 엄청난 자원이지요. 하지만 우리끼리만 노래하고 즐기고 기뻐하는 것으로 만족해야 할까요? 우리는 새 노래로 여호와를 찬양하는 존재로 하나님께 부름 받았습니다. 옛 음악으로만 찬양해서는 안 됩니다. 바흐나 헨델의 음악만 있어도 충분한데 모차르트와 베토벤이 새 노래를 만든 이유가 거기 있죠. "새 노래로 찬양하라"는 말씀이 있었기에 그랬던 거지요. 또 성경은 온갖 악기로 찬양하라고 했어요.

한국 교회 안에는 세계적인 수준으로 온갖 악기를 연주하는 연주가와 음악가들이 많습니다. 이 엄청난 음악적 자원을 교회 안에서만 향유하는 것은 참으로 안타까운 일이에요. 음악만이 아니에요. 미술도 마찬가지예요. 제일 안타까운 건, 이렇게 소중한 우리의 문화적 표현이 믿음이라는 교권 안에 갇혀서 우리에게 문화로 표현되는 삶이 없다는 현실입니다.

내 눈에는 보입니다. 문화적 표현들이 부재한 현실에서 음악이나 미술 같은 문화적인 일들이 보이는 것이죠. 누군가 이 일을 대신해 주기만 하면 정말 좋겠어요. 그러면 나는 기도만 해도 되니까 얼마나 좋습니까.

경박한 세상, 상식 없는 기독교 — 문화적 표현이 부재한 현실이라는 말씀을 들으니, "우리의 경제력은 생활을 풍족히 할 만하고, 우리의 국방력은 남의 침략을 막을 만하면 족하다. 오직 한없이 가지고 싶은 것은 높은 문화의 힘이다. 문화의 힘만이 우리 자신을 행복하게 만들고, 타인에게도 행복을 전해 주기 때문이다"라고 말씀하셨던 김구 선생의 '나의 소원' 한 대목이 생각납니다. 현재 우리는 경제력이나 국방력 면에서 일정한 수준 이상이지만, 목사님 말씀으로는 문화적인 측면에서는 안타까운 부분이 있다는 뜻으로 이해됩니다.

문화는 공기와 같아서 거부할 수 없습니다. 문화가 나를 담고 있으므로 나는 거기서 살게 됩니다. 그러므로 교회가 좋은 문화를 부양하지 않고 지금처럼 방치하면 악마적이고 천박한 문화가 득세하고 주장합니다. 책만 봐도 그렇지 않습니까? 이른바 베스트셀러라는 책들은 지나치게 실용적이어서 깊은 진리에 대한 해답을 주지 못합니다. 깊은 원리도 없습니다.

기독교도 그와 비슷한 처지에 빠져 있습니다. 생각은 너무 경박해졌고, 그 어디에서도 깊은 고민의 흔적을 찾을 수가 없습니다. 신학 교육도 마찬가지입니다. 아무 생각 없이 스승에게서 배운 것만 그대로 가르칩니다. 정말 그러한가에 대한 고민이 없는 강의일 뿐이지요. 그러니 학생들에게 울림이 없는 건 당연한 결과입니다. 좀 더 근본적인 것, 좀 더 깊은 것에 대한 추구가 없습니다.

그중에서도 제일 안타까운 것은 한국 교회가 상식 없는 집단으로 변모되었다는 겁니다. 신학교 교수, 교회 목사, 장로 너나 할 것 없이 상식의 기본이 없습니다. 기독교적인 관점이라는 미명 아래 상식 이하의 짓을 많이 저지릅니다. 진리와 상식이 배치된다고 생각해요. 하지만 기독교의 진리는 반상식이 아니라 상식을 포함한 초상식입니다.

비상식을 신앙이라 주장해선 안 된다 — 그 말씀은 오늘의 기독교가 신앙이라는 이름으로 상식 없이 행동한다는 말씀으로 들립니다. 단도직입적으로 말해서 가장 '상식'적인 것은 무엇인가요? 예를 들어 어떤 것이 기독교가 가져야 할 상식인가요?

아주 쉬운 겁니다. 예를 들어 '정직'은 상식에 속합니다. 그런데 교회는 신앙이라는 이름으로 비상식을 주장하고, 거짓을 신앙으로 주장하는 경우가 너무 많습니다. 1 더하기 1이 2라는 건 상식에 속합니다. 하지만 기독교의 초상식으로 본다면 1 더하기 1은 2만 되는 것이 아니라 10도 되고 20도 됩니다. 심지어 어떤 사람들은 1 더하기 1은 마이너스가 된다고 우깁니다. 이렇게 뒷걸음질 치는 저급한 상식이 통하고 그것을 주장하는 경우가 있더라는 말입니다.

요즘 우리 사회가 기독교를 배척하는 이유 중에 하나가 이렇게 상식 이하의 행동을 많이 하기 때문입니다. 기독교든 아니든 상식의 기본은 같습니다. 나아가 우리는 그 상식 위에 있어야 합니다. 한국 교회는 "여호와를 의뢰하고 선을 행하라. 땅에 머무는 동안 그의 성실을 먹을거리로 삼을지어다"(시 37:3)라는 말씀에 나오는 것처럼 하나님의 성실을 상식으로 삼아야 합니다.

이기주의는 생애 가장 큰 자해 — 교회가 비상식적인 일을 태연하게 저지르는 모습은 부끄럽고도 안타까운 일입니다. 목사님은 그동안 한국 교회 안에서 일어난 여러 문제와 갈등을 중재하신 것으로 알고 있습니다. 목사님이 가지신 중재의 원칙은 무엇입니까?

누구 편을 들면 안 됩니다. 먼저 양쪽 모두의 이야기를 듣습니다.

그 다음에는 양쪽에 어디로 가면 좋겠느냐고 묻습니다. 그리고 이렇게 질문합니다. "당신들이 가고자 하는 그 길, 그 앞에 주님이 계십니까?" 갈등과 문제로 싸우는 이들은 자신을 변호하느라 주님의 도우심을 받지 못할 때가 많습니다. 자기 변화, 자기 합리화를 계속하기 때문에 주님이 주시고자 하는 풍성한 축복을 스스로 제한하는 것이지요.

그런 모습들을 보면서 '이기주의야말로 생애 가장 큰 자해'라고 생각했습니다. 결국 자신을 망치는 일이기 때문이지요. 주님의 인도하심으로 오늘까지 살면서 몸에 익힌 철학 중에 하나입니다.

나의 길, 나의 삶

나를 가르친 사람들 ― 이제 좀 더 범위를 좁혀서 목사님 개인적인 부분에서 궁금한 점들에 대해 듣고 싶습니다. 목사님의 목회 인생 40년입니다. 그동안 목사님이 영향을 받은 분들로 누구를 꼽으시겠습니까?

설교에 많은 영향을 주신 분으로는 마틴 로이드 존스를 꼽겠습니다. 그분은 내게 충격을 주었지요. 로이드 존스의 산상수훈 설교를 읽으면서 그분의 깊은 영혼을 느꼈습니다. 그분이 실력 있다고 말하는 분들이 있지만, 나는 실력이 아니라 그분이 영혼을 아는 사람이라서 좋아합니다. 그분의 신학적인 체계나 고귀한 역사 의식 같은 것들도 위대하지만, 그보다 그분에게서 영혼을 향한 관심을 배웠습니다. 마틴 로이드 존스는 영혼을 수술하는 사람입니다. 병든 영혼, 아픈 영혼들을 기독교적인 역사와 신학으로 모두 풀어 주신 분입니다.

그리고 존 스토트, 데니스 레인, 박윤선 목사님 등이 떠오릅니다. 1984년 3개월 동안 존 스토트와 같이 있으면서 성경 본문을 설명하는 그의 능력에 놀랐습니다. 데니스 레인을 통해서는 강해 설교를 배웠습니다. 내게 성경을 알게 하신 분은 박윤선 목사님이십니다. 강의하실 때 보면 마치 성경에서 걸어 나오신 것처럼 설교하셨지요. 얼마나 뜨거운 분인지 모릅니다. 말씀을 설교하게 만드는 내 마음에 기초를 놓으신 분이라고 할 수 있습니다.

잘못을 인정하고 감사하다고 말하는 삶 ― 설교에 가끔 등장하는 선친에 대한 이야기들을 듣다 보면 선친의 신앙이 목사님에게 중요한 모범이 되었다는 걸 느낍니다. 선친은 어떤 분이셨습니까?

아버님은 한국전쟁이 낳은 비극인 고아들을 돌보기 위해 그렇게 원하던 신학 공부를 중단하고 고아원을 운영하셨습니다. 내가 목사가 되었을 때 아버지 우시는 모습을 처음 봤지요. 그때 이것만은 꼭 지키라며 간곡하게 당부하셨고, 나는 그 아버지 말씀을 엄숙하게 받아들였습니다.

"목사는 두 가지를 잘 못한다. 그러니 너는 그 두 가지를 꼭 잘하는 목사가 되어라. 선포되는 말씀은 문제가 없지만 선포하는 사람은 실수할 수 있다. 목사도 사람이라 잘못하기도 하고 실수할 수도 있는데, 그때 '잘못했습니다'라는 말을 못하더라. 너는 잘못했을 때 그걸 인정하고 꼭 잘못했다고 말해라. 두 번째는 '감사합니다' 라는 말을 잘해라. 목사는 여러 사람들의 도움 속에 살아가는, 도움 받는 인생이다. 풍성한 인생을 사는 사람은 그것을 인정하고 감사하는 사람이다. 그런데 목사는 평생 도움 받으며 사는데도 '감사합니다'라는 말을 못하더라. 그러니 꼭 '감사합니다'라고 말하면서 살아라."

목회하면서 아버지의 당부를 지키면서 살았습니다. 그랬더니 축복이 있었습니다. 어떤 축복인가 하면, 내가 잘못했다고 인정하니까 그 잘못이 시정되는 축복입니다. 잘못이나 실수에서 배울 수 있는 게 참 많습니다. 잘못했는데도 잘못을 인정하지 않으면 아무것도 못 배웁니다. 목사인 나한테 틀렸다고 말하는 사람이 어디 있겠습니까? 그런데도 내가 아버지의 가르침을 따라 잘못했다고 인정하니까 잘못한 게 바로 잡히고 배우는 것도 많아지는 축복을 누릴 수 있었습니다.

또 감사를 생각하니까 기도하게 되었습니다. 나를 못살게 구는 사람이 있었습니다. 어떻게 해도 설명이 안 될 뿐만 아니라 나를 미워하고 힘들게 했습니다. 그래서 그분들 때문에 기도하게 되었습니다.

갈등 관계에 있는 상대방이 나한테 칼을 들이대서 나는 피를 흘리는데, 그 상대방은 자신이 뒤끝 없는 사람이라고 말합니다. 뒤끝이 없으려면 앞 끝도 없어야죠. 아주 비겁한 겁니다. 하지만 그들 때문에 기도를 배우고, 그들 때문에 기도하는 무릎을 갖게 되었습니다. 그러니 얼마나 감사한 일입니까.

심판하시는 하나님은 알고 계시므로 ― CCC에서 목회로 사역 현장을 옮기신 것은 중요한 터닝 포인트였습니다. 당시에 아픔이 무척 컸다고 여러 번 말씀하셨고요. 그 결정적인 사건이 남긴 상처와 아픔을 어떻게 정리하셨는지 궁금합니다.

CCC에서 죽으려고 했던 사람입니다. 민족복음화하다가 하나님이 목숨 거둬 가시면 좋겠다고 생각했으니까요. 민족복음화 외엔 아무 관심이 없었습니다. 결혼도 안 할 생각이었어요. 그런데 CCC에서 나오게 된 겁니다. 목표를 잃어버렸더니 온 세상이 깜깜해졌습니다. 정말 아무것도 안 보이더군요. 인사불성으로 지냈어요. 4-5개월 동안 아침마다 세수할 때 코피를 쏟았습니다. 그런데 치료가 안 되더라고요. 기도원 들어가서 열심히 기도하면 감정적으로는 용서가 돼요. 그러다 누군가 그 이야기를 하면 나도 모르게 흥분해서 분노하는 거예요. 그런 나를 보는 게 또 그렇게 밉더라고요.

그러다 로마서를 읽게 되었습니다. "내 사랑하는 자들아 너희가 친히 원수를 갚지 말고 하나님의 진노하심에 맡기라. 기록되었으되 원수 갚는 것이 내게 있으니 내가 갚으리라고 주께서 말씀하시니라"(롬 12:19). 정신이 번쩍 들었습니다. 원수 갚는 것은 하나님의 주권에 속하는 일인데 내가 하려고 했다는 것을 깨달은 거지요. 하나님의 주권을 침해했던 겁니다. 심판은 하나님만이 하시는 일인데 말입니다.

하나님의 3대 주권은 창조, 섭리, 심판입니다. 예전에는 심판하시는 하나님이 싫었습니다. 사랑, 은혜, 자비의 하나님이면 좋잖아요. 그런데 심판하시는 하나님은 왠지 유치하다는 생각이 들었거든요. 하지만 로마서 말씀을 읽으면서 하나님은 사랑이시기 때문에 심판주이어야 한다는 것을 깨달았습니다. 모든 것을 정확하게 판단하시는 하나님이 심판하시지 않는다면 이 땅에서 성실과 진실로 산 무수한 사람들이 얼마나 억울하겠습니까?

CCC에서 오해를 받았습니다. 그 오해는 사실보다 더 합리적으로 보였어요. 설명을 들으니까 그렇게 생각할 수도 있겠구나 싶더군요. 사실이 아닌데도 빠져 나갈 여지가 전혀 없었습니다. 그때 알았습니다. 논리적 허구라는 것이 얼마나 무서운 것인지. 논리적으로 다 맞는데 사실이 아닌 것이 얼마든지 있다는 걸 직접 겪은 겁니다. 실제도 사실도 아닌 것을 합리적인 설명으로 묶어서 오해하니까 실제나 사실보다 설득력 있는 것처럼 보였지요.

맡은 일에 대한 성실이 있는가 — 많은 오해를 받고 CCC를 나오실 때 그 아픔이 크고 결정적이었던 만큼 그 일은 목사님에게 인생의 중요한 지침을 남겼을 것 같습니다.

당시 나를 완전히 신뢰하시던 김준곤 목사님마저 오해하니까 천지가 무너지는 것 같았습니다. 그럴 일이 전혀 아니었는데도 그땐 그렇게 느껴졌지요. 하지만 하나님이 아시는데, 김 목사님이 잘못 생각하는 게 뭐 어떻습니까? 믿음이 적어서 내가 헷갈렸던 거지요. 김 목사님이 내 구세주가 아니고 주님이 아니잖아요. 전부를 아시는 분은 하나님이시라는 걸 깨달으니까, 천지가 무너질 일이 전혀 아니었음을 알게 되었습니다.

인생에서 가장 힘들고 어려운 그 시점이 내게는 축복의 시작이었습니다. 그때 CCC에서 쫓겨나지 않았다면 오늘의 나는 없습니다. 아내도 그렇게 말합니다. 당신 그때 CCC 참 잘 나왔다고요. 안 그랬으면 오늘까지 못 살았을 거라고. 아내는 내가 CCC에서 어떻게 일했는지 가장 많이 봤잖아요. 그때 몸무게가 63킬로그램이었습니다. 얼마나 일을 해댔는지 손가락 끄트머리가 다 비어 있을 정도로 살이 없었죠.

그 일을 통해 사람은 신뢰의 대상이 아니라 사랑의 대상이라는 것을 배웠습니다. 하나님이 심판주이심을 깨달았기 때문에 충격에서 일어설 수 있었습니다. 하나님은 모든 걸 다 아십니다. 그분이 다 아시는데, 세상 사람 누가 뭐라든 나만 그렇지 않으면 된다고 생각했어요. 하나님이 다 아시잖아요.

그 다음부터는 누가 어떤 일로 오해해도 자신 있습니다. 인터넷에서 아무리 떠들고 뭐라고 해도 나만 아니면 그만이지요. 그래서 자신 있게 손해 봅니다. 손해 볼 일을 손해 보니까 인생의 손해는 안 나더라고요. 젊은 친구들에게 자주 이야기합니다. "손해 볼 줄 모르면 인생에서 결정적으로 손해 보는 일이 온다"고요.

실패나 성공은 의미 없는 일입니다. 실패하더라도 주님이 기뻐하시는 일이면 가야 하니까요. 중요한 것은 맡은 일에 대한 성실이 내게 있는가 하는 것입니다.

내 인생의 키워드 — 목사님 삶에서 가장 중요한 키워드는 무엇인가요? 평생 소중하게 붙들고 사셨던 가치가 무엇인지 궁금합니다.

자유, 주권, 은총. 그 세 가지가 내 삶의 중요한 키워드입니다. 내게 참 복된 삶을 만들어 주었지요. 내가 살아 온 인생을 한마디로 요약한다면 '은총의 세월'입니다.

한때 정말 가난하게 살았습니다. 아내와 함께 일용할 양식을 구할 때가 있었지요. 하지만 그것 때문에 마음 상한 적은 없습니다. 아내가 잘 알지만 나는 소유보다는 자유가 좋은 사람입니다. 뭐든 가지면 그것이 말뚝이 되어 거기에 매입니다. 소유는 나를 가두는 것이에요. 그래서 자유가 좋습니다. 가진 것을 쉽게 내놓을 수 있는 건 내게 소유보다는 자유라는 더 큰 가치가 있기 때문입니다. 자유라는 가치를 찾은 겁니다.

그런 나를 보고 사람들은 무소유주의자라고 하는데, 무소유는 불교의 개념이지요. 우리는 무소유가 아니라 청지기입니다. 하나님이 맡기신 것을 가지고 있다가 다시 돌려 드리는 겁니다. 내 신분이 청지기입니다.

나는 청지기니까 주님이 주셔야 일합니다. 주님이 주시지 않는 일을 왜 합니까? 사람과 돈을 주시면 일을 합니다. 그러다 내 일이 아니다 싶으면 떠나고요. 중요한 것은 내 것이 아니라는 생각입니다. 주님이 부르셨을 때부터 그랬습니다. 철저하게 종이라는 자세로 살아왔기 때문에 그랬던 것이지요.

남서울은혜교회 담임목사라고 하면 사례비를 많이 받을 거라고 생각하지만, 평생 고액의 사례비를 받아 본 적이 없습니다. 남서울교회에 있을 때는 담임목사라고 더 받지 않고 교회 전 직원과 기본급을 같이했습니다. 생활비를 같이한 셈인데 그때 나를 따라 한 사람들은 다들 고생했습니다. 지금 남서울은혜교회에서도 마찬가집니다.

어느 교회의 초청으로 한 달 동안 매주 4부 예배 설교를 했더니, 한 달에 받는 사례비보다 더 많은 사례비를 주더라고요. 오라는 데가 많으니 들어오는 사례비가 많습니다. 그렇지만 그 돈을 집에

젊은 만큼 뜨겁게 일했던 젊은 시절, 하용조 목사와 함께

가져간 적은 없어요. 개인적으로 돕는 음악가들, 중국 학생들, 교회에 말은 못하고 도와야 할 곳 등을 그 돈으로 도와줍니다.

나처럼 자유롭게 많이 쓰는 사람도 없을 겁니다. 아주 풍성하죠. 내가 그렇게 사니까 아내가 고생을 많이 하죠. 그래도 참 감사한 게 아내는 지금까지도 세상에 남자는 나 하나라고 생각하고 사랑해 줍니다. 그러니 나는 얼마나 행복한 사람입니까?

또 한 가지는 돈보다 귀한 가치를 아는 것은 참 소중합니다. 내 친구 임만호 장로는 무서울 만큼 돈을 정확하게 쓰는 사람입니다. 자신에게는 엄격하고 다른 사람에게는 아주 후하고, 써야 할 데를 정확히 알아서 꼼꼼하게 씁니다. 그 친구가 15년 동안 〈창조문예〉라는 잡지를 만들고 있습니다. 문예 잡지라 도통 재미를 못 봐요. 예전에 하용조 목사가 아플 때 〈빛과소금〉을 대신 맡아 달라고 해서 맡은 적이 있거든요. 잡지 만드는 게 얼마나 어려운지 그때 확실히 알았지요. 그래서 임 장로한테 〈창조문예〉를 내지 말라고 했습니다. 돈은 많이 들어가는데 버는 건 별로 없거든요. 그 친구는 들은 척도 안 하고 지금 15년 이상 그 잡지를 만들고 있습니다. 그래서 칭찬했습니다. 임 장로는 돈보다도 귀한 걸 붙잡아 큰 축복이라고요. 인생을 살면서 돈보다 귀한 가치를 붙잡고 사는 사람은 행복한 사람입니다. 하지만 돈 이하의 가치에 인생을 거는 사람은 참 안된 사람들이지요.

내 것과 하나님의 것을 구분하라 — 많이 가질수록 더 가질수록 행복하다는 생각이 팽배한 요즘, 소유보다 자유가 좋다는 말씀은 신선한 도전이 됩니다. 과연 현실에서도 이 말은 통용될 수 있을까요?

내 것과 남의 것이 있습니다. 나는 남의 것은 안 씁니다. 내 것이 아니면 가차 없이 아닌 것이지요. 성도 한 분이 코네티컷에 무디의 생가와 마운트 헐몬 하이스쿨이 포함된 지역을 사 주겠다며 운영해 보라고 하더군요. 현장 답사를 하니 정말 좋아 보였습니다. 하지만 사양했습니다. 내 것이 아니었어요. 귀한 것을 준비해 주셨지만 미안하다고 했습니다. 아닌 것은 아니니까요. 이렇게 말하는 사람도 있더군요. 받아서 나한테 주지, 왜 거절했느냐고. 하지만 그걸 그 사람에게 주는 것이라면 하나님이 직접 주시지, 왜 나를 통해 주시겠어요? 아무리 좋아 보여도 내 것이 아니라는 생각이 들면 아닌 겁니다.

또 한 번은 한 기업가로부터 연해주와 아무르에 2억 4천만 평을 기부하겠다는 제안을 받았습니다. 2억 4천만 평이 얼마나 넓은 땅인지 아십니까? 헬기를 타고 돌아보는 데만 일주일이 걸리는 어마어마한 크기의 땅입니다. 장로님들, 농업 선교회 관계자들과 함께 돌아보며 그곳에 고려인들을 이주시켜 살게 해야겠다는 생각이 들었습니다.

그리고 전문가들을 모아 과연 그 일이 타당한가에 대한 의견을

들었습니다. 네 가지를 지적하더군요. 인프라가 전혀 없는 그 땅에 기반 시설을 놓으려면 3억 달러가 소요된다, 워낙 넓은 땅이라 기계화 작업이 반드시 필요해서 3천만 달러가 추가로 들어간다, 더군다나 농업 인구가 전혀 없다, 일조량과 강우량, 온도 같은 외부적인 조건에 따라 결과가 완전히 달라지는 노지 농업이라 한 번 흉년 들면 손실이 엄청나다는 것이었습니다. 땅만 있다고 할 수 있는 일이 아니었습니다. 내가 할 일이 아니라는 생각이 들어서 정중하게 거절했습니다.

이런 일들이 종종 있습니다. 다른 사람들은 그렇게 좋은 걸 왜 거절하느냐고 하지만, 내 것이면 취해도 내 것이 아니라는 생각이 들면 얼른 내놓아야지요. 그래서 이 땅의 재물에 매이지 않을 수 있습니다. 재물뿐만 아니라, 어떤 주의나 주장, 신학에도 매이지 않았습니다. 주님이 주신 자유가 나로 하여금 자유로운 인생을 살게 했습니다.

영혼이 자라고 있다면 사역은 이룬 것 — 목사님 평생을 은총의 세월이라고 요약하셨습니다. 그 시간은 이웃과 사회를 돌보는 사역의 시간이기도 했습니다. 오랜 시간에 걸쳐 크고 작은 사역들을 꾸준히 일구면서 사역의 풍성한 열매들을

자유, 주권, 은총, 이 세 가지를 삶의 주요 키워드로 삼았던 홍정길 목사. 그는 자신의 인생을 '은총의 세월'이라는 한마디로 요약한다.

보셨습니다. 그렇다면 사역은 열매로 평가되는 것입니까, 아니면 과정으로 평가하는 것입니까? 목사님은 사역을 평가할 때는 무엇을 기준으로 보십니까?

사람이 성장하고 있는가, 영혼이 자라고 있는가 그걸 봅니다. 사람이 많이 모인 단체나 교회를 보면 자기 사람들이나 성도를 모았지, 그 안에 있는 사람들 영혼의 성장은 별로 이야기하지 않는 것을 많이 봤습니다.

   사람은 방법을 찾고 만들지만 하나님은 사람을 찾고 사람을 만드십니다. 그래서 하나님은 함무라비 법전을 안 만들고 모세 한 사람을 만드신 것 아닙니까? 이스라엘을 세우실 때도 제도를 만들지 않고 다윗 한 사람을 만드셨고요. 예수님이 3년 동안 하신 일 역시 제자 12명을 키운 것입니다. 나는 일할 줄 모르는 사람이니까 사람 세워서 제자리에 놓는 것이 내 일이라고 생각했습니다. 사람의 성장과 영혼이 자라는 것. 그보다 좋은 사역은 없습니다.

닫는 글
|

은혜의 드라마,
시즌 2를 기대하며

  책을 쓰자면 홍정길 목사와 인터뷰가 필수적이었지만, 편안히 마주앉기까지는 열 달 가까이 기다려야 했다. 분주한 스케줄 사이를 비집고 들어간 적은 몇 차례 있었지만 넉넉한 시간을 독점하기는 그때가 처음이었다. 건강이 걱정될 정도로 나라 안팎에서 수많은 일정을 소화하고 있는 터라 무작정 시간을 조르기도 어려웠다. 어렵사리 인터뷰를 마친 뒤에는 따로 시간을 잡아 사진을 찍었다.

  볕 좋은 어느 가을, 주일예배를 마치고 촬영에 들어갔다. 주일 하루만 남서울은혜교회의 전용공간이 되는 밀알학교 한쪽으로 자리를 옮겼다. 곳곳에 식구들이 모여앉아 도란도란 시간을 보내고 있었다. 진행은 순조롭지 않았다. '모델'은 통 편해지지 않는 눈치였다. 시간이 가도 표정이 쉬 풀리지 않았다. 한 시간여 사진을 찍었지만 그 수백 장의 사진 안에 A급 표정이 들어 있을지 걱정스러웠다.

  세라믹팔레스홀 앞에서 추가 촬영을 하기로 하고 엘리베이터에 올랐다. 순간, 누군가 큰소리로 "목사님!" 하고 불렀다. 상대를 알아본 홍 목사는 지체 없이 내리더니 목소리의 주인공을 덥석 안아주었다. 좀 특별해 보이는 간이침대에 눕다시피 앉은 장애인이었다. 그녀는 더없이 해맑은 웃음으로 목사님을 바라보며 무슨 이야기를 하고 있었고, 홍 목사 역시 활짝 웃으며 그녀의 손을 잡고 있었다.

그동안 애타게 기다리던 홍 목사의 표정이 거기 있었다. 한 점 꾸밈없는 파안대소. 바로 저거다 싶었지만 아뿔싸, 사진 기자는 장비를 들고 계단으로 내려간 뒤였다. 아쉽고 또 아쉬웠다. '진작 저런 표정 좀 지어 주시지.'

기다리고 있는 일행을 의식한 듯, 홍 목사는 마지못해 손을 놓고 돌아섰다. 엘리베이터를 탄 홍정길 목사의 표정은 이전보다 더 굳어진 것처럼 보였다.

"교회 떠나니까 저 아이들 자주 못 챙겨 주는 게 젤로 마음 아파."

들릴 듯 말듯 쏟아 내는 혼잣말에서 물기가 느껴졌다.

단 몇 분에 불과한 시간이었지만 이 공동체를 지탱해 온 힘을 엿볼 수 있는 대목이었다. 그건 노력으로 만들어 낼 수 있는 장면도 아니고 설정으로 보여 줄 수 있는 감정도 아니었다. 진심이 오갈 때만 나오는 특별한 정경이었다.

장애인은 길에서 우연히 아버지와 마주친 듯 "목사님!"을 외쳤고, 그걸 들은 목회자는 마치 '아버지'처럼 흔쾌히 다가가 따뜻한 인사를 나누었다. 손을 맞잡고 웃음기 가득한 눈길과 진정어린 대화를 주고받았다. 천국의 그림자가 지상에 잠깐 깃들 때가 있다면, 바로 그런 순간이 아니었을까?

그런 모습이 드물잖게 재연되는 까닭에 '장애우와 함께하는 교회'란 남서울은혜교회의 슬로건은 공허하지 않다. 더욱 멋진 점은 '장애우'에 있는 것이 아니라 '함께하는'에 방점이 찍혀 있다는 사실이다. 교회는 그들과 '함께하기' 위해 지난 20년 동안 교육이나 프로그램뿐만 아니라 직업과 취업, 그룹홈까지 세워 가는 노력을 구체적으로 기울였다. 그들의 평생을 염두에 두고 '함께'를 고민하며 실제적으로 도움을 주는 방법을 찾아간 결과가 2011년 시작한 '함께하는재단'이다.

깊이와 넓이를 함께 확장시켜 간 것은 장애인사역만이 아니다. 연해주 사역, 생활훈련학교, 통일 사역, 선교 사역 등 다양한 분야에서 포기하지 않고 사역의 지경을 넓혀 갔다. 앞으로 다시 20년 동안 지금처럼 은혜와 기도 아래 앞으로 걸어갈 길이 궁금하다.

남서울은혜교회가 펼치는 드라마의 첫 번째 시즌은 홍정길 목사의 은퇴와 함께 마무리됐다. 세상은 흘러간 드라마를 추억하지만 더 간절한 마음으로 속편을 기다린다. 아무도 가지 않는 어렵고 불편한 길을 걸으면서도 소명의식을 잃지 않고 꿋꿋이 버텨 온 이 교회가 써내려 갈 드라마, 그 역사적인 '시즌 2'를 기대한다.

남서울은혜교회 연혁

1989. 10. 31. 남서울교회(당회장 홍정길 목사)에서 장기발전추진위원회 구성
1991. 11.　　중동고등학교 체육관 임대 계약
1992. 1. 12. 남서울중동교회 창립(임만호, 김인수, 황선삼, 정공일 장로 남서울교회에서 파견)
　　　 7. 18. 남서울학원 유지 재단 발족하여 중동학원 인수 계약
1993. . .　　안이숙 권사 부흥회
　　　12. 26. 제1대 장로(곽병민, 유제영, 인홍석, 한상택)와 안수집사 장립 및 권사 취임
1994. 2. 28. 중동학원 인수 계약 협의 파기
　　　 6.　　 특수학교 설립 결의
　　　 8. 23. 학교설립계획서 제출(밀알복지재단 명의)
　　　10. 12. 서울시 교육청으로부터 학교설립계획서 승인
1995. 1. 12. 밀알학교 부지(9,832㎡) 매입
　　　 4. 25. 강남구청에 밀알학교 건축 허가 신청
　　　10. 15. 교회 건물 건축 중인 '은혜교회'와 연합하여 남서울은혜교회 연합 창립
　　　12. 27. 서울시 교육청으로부터 밀알학교 건축 허가 승인

1996. 1. 12. 밀알학교 건물 착공

12. 13. 수서동 750-1 소재 교회 건물 준공

12. 14. 밀알학교 설립 인가(서울시 교육청)

1997. 3. 1. 남서울은혜교회 건물에서 밀알학교 개교

7. 14. 밀알학교 건물 준공

11. 2. 밀알학교 성봉홀에서 예배 시작

1998. 11. 20. 남서울은혜교회 본당 남측 출입구 개통

1999. 4. 25. 제2대 장로(김경설, 김영인, 김윤중, 김인길, 김진학, 김희식, 민걸, 박판동, 엄문경, 조익상, 최전길, 유계천)와 안수집사 장립 및 권사 취임

5. 17. 밀알컴플렉스 증축을 위한 건축 위원회 조직

2001. 3. 15. 밀알컴플렉스 건물 착공

4. 30. 수서동 714-2 소재 목사관 착공

6. 17. 연해주 선교를 위한 헌신 예배

2001. 8. 28. 연해주 블라디보스토크에 학교 건물 구입 지원

12. 31. 블라디보스토크 학교 법인(V.I.U) 등록

2002. 12. 25. 수서동 714-2 소재 목사관 준공

4. 25. 블라디보스토크에 학교 건물(연 건평 8,180평, 대지 2만 1,000평) 추가 구입

10. 21. 원동문화개발기구 설립(외무부 사단법인 등록)

11. 2. 밀알컴플렉스 준공

12. 1. 제3대 장로(고학봉, 김원주, 김유선, 서영철, 우기섭, 이민철, 장평훈, 정일남, 최기태, 허영규, 김광운, 윤종호)와 안수집사 장립 및 권사 취임

12. 1. 임만호, 김인수 장로를 원로로 추대

2003. 1. 5. 주일예배 시간 변경(1부–8시, 2부–10시 30분, 3부–12시 15분)

	11. 25.	한국전도폭발 20주년 기념 대회
2004.	1.	주일예배 시간 변경(1부-7시 30분, 2부-9시, 3부-10시 30분, 4부-12시 15분)
	2. 15.	LA세계로교회와 자매결연
	12. 12.	제4대 장로(김승렬, 김철수, 송연식, 연재춘, 이성기, 장철원, 허형회)와 안수집사 장립 및 권사 취임
	12. 12.	황선삼 장로를 원로로 추대
2005.	9. 16.	새롬평생대학 개강
2005.	10. 15.	남서울은혜교회 연합 창립 10주년 기념 행사
2005.	12. 2.	밀알보호작업장(본 교회 5층) 개장
2006.	3. 9.	생활훈련학교 개강(새세대엄마, 남성학교, 어머니학교)
	3. 12.	설악미션랜드 부지 특별헌금 작정
	3. 19.	함께하는교회(이정남 목사) 창립 예배
	4. 17.	제174회 국제전도폭발 한국 지도자 임상 훈련 실시
	6. 19.	경기도 가평군 설악면 설곡리 산 60번지 주변 11만 6,000여 평 구입
	11. 15.	남서울은혜교회 창립 10주년 기념 도서《하나님의 두툼한 손》발간
	12. 3.	제5대 장로(곽종훈, 김영대, 김용태, 김종구, 도철웅, 민경식, 박효석, 송석규, 이경헌, 조건식)와 안수집사 장립 및 권사 취임
2007.	1. 14.	나눔교회(김수영 목사) 입당 예배
	4. 28.	교회다움(민걸 목사) 설립 예배
	6. 13.	밀알학교 별관 증축 착공
	11. 8.	밀알학교 개교 10주년 기념 행사
	12. 26.	밀알학교 별관 증축 준공
2008.	1. 25.	기름 유출 사고 현장 태안 자원봉사 파견(1/25, 2/16)
	3. 16.	새가족위원회 내 바나바 사역 시작

- 4. 6. 은혜나눔교회(최종국 목사) 창립
- 5. 17. 젊은 부부 모임 시작
- 7. 21. 새벽기도회 장소 변경(성산·일가홀에서 신관 도산홀)
- 9. 17. 수요예배 장소 변경(교회 본당에서 신관 도산홀)
- 12. 14. 제6대 장로(고성래, 김충식, 박종, 박영수, 백승무, 신현우, 이계복, 장형옥, 조경학, 채규운)와 안수집사 장립 및 권사 취임

2009. 2. 15. 주통로, 유수진 선교사 파송 예배
- 3. 12. 직업 재활센터 개관
- 11. 22. 열린비전교회(이유환 목사) 설립 예배
- 11. 29. 남서울예수교회(노상헌 목사) 설립

2010. 4. 4. 성경, 찬송 교체(개역개정판 성경, 21C 찬송가)
- 7. 2. 경기도 가평군 설곡리 예수마을 첫 사업으로 970미터의 산림도로 준공
- 9. 25. 러시아 연해주 이장균 회장으로부터 홍송 2,500미터 기증 받음 (생명의빛교회 건축용)
- 10. 17. 최린 선교사 러시아 연해주 파송식
- 11. 1. 생명의빛교회 예배당 포함 청소년수련원 1,110평(지상 3층) 건축 허가 취득 (신형철 교수 설계)
- 12. 15. 제7대 장로(김재훈, 나영일, 나충균, 류방열, 마민환, 박상국, 박용순, 이종면, 장동진, 장영각, 정형철, 홍영기)와 안수집사 및 권사 취임
- 12. 30. 예수마을에 게스트하우스 건축 허가(유걸 선생 설계, 260평 지하 2층 지상 3층)

2011. 1. 2. 예배 시간 변경(3부-11시, 4부-1시, 청년부-3시), 탁아위원회 신설
- 1. 23. 설악예수마을 공사와 생명의빛교회 예배당 건축을 위한 헌금

작정서와 타임캡슐용(30년 후 개봉) 기도제목 제출 시작

2. 9. 예수마을에서 사용할 지하수 개발(세 곳 우물에서 1일 140톤)

2. 19. 생명의빛교회 예배당과 게스트하우스 건축 공사 착공(이랜드 건설)

3. 6. 1-7교구에서 8교구로 재편성 및 교구별 지역 확정

3. 13. 공동의회에서 박완철 목사를 홍정길 목사 후임목사(임시목사)로 선임

4. 9. 생명의빛교회 예배당 착공 감사 예배와 착공 행사 거행

4. 28. 굿윌스토어(마천동) 오픈식 거행

6. 1. 함께하는재단 창립 축하 감사 예배

6. 5. 설악예수마을위원회, 본 교회 20주년기념위원회, 가족캠프위원회 신설

6. 27. 《생활훈련학교 이야기》 발간(생활훈련학교위원회)

7. 24. 45인승 중고 버스 연해주 국제학교 기증

9. 20. 홍정길 목사, 신동아학원(전주대학교) 이사장 취임

10. 26. 예수마을 게스트하우스 완공

12. 6. 통역실과 다채널 통역기의 설치(영어, 일어, 중국어의 동시통역이 가능)

2012. 1. 8. 공동의회 원로목사 추대 투표(1-4부 예배)

2. 12. 홍정길 담임목사 은퇴 감사 및 박완철 목사 취임 예배

4. 20. 금요기도회를 '금요회복기도회' 로 새롭게 시작

4. 22. 사랑과은혜교회 설립 예배(정원준 목사)

5. 9. "순종하여 받은 축복" 석은옥 권사(고 강영우 박사 부인) 간증 집회

5. 19. 최재율 목사 평안교회 위임 예배

6. 11. 굿윌스토어 함께하는재단 직영 본점 개관식(서울 송파구 문정동 80-1)

- 7. 1.   이대설 선교사 파송
- 8.12.   8.15 평화통일 기원 예배(주최: 평화와 통일을 위한 기독인 연대)
- 10. 14. 교회연합 창립 17주년 기념행사
- 10. 20. 굿윌 '함께하는 재단'을 후원하기 위한 사랑의 바자회 개최(주관: 연합여전도회)
- 12. 2. 제8대 장로(구자영, 박종원, 이한구, 정용균, 황덕효)와 안수집사 및 권사 이취임

사진 제공

지한비: 표지 사진, 190, 210-11, 271, 275, 296, 312쪽 | 오영미: 60, 66, 70, 74, 92, 164, 172-73쪽 | 최종훈: 102, 109, 120, 126, 141, 149, 154, 257쪽 | 김승범: 34, 43쪽 | 권태훈: 236쪽 | 신형철: 48쪽 | 홍정길: 309쪽 | 여명학교: 247쪽 | KOSTA: 220쪽 | F_Vision: 52쪽 | Goodwill Industries International, Inc.: 196쪽